JOSEPH BIALOT

Route Story

nrf

GALLIMARD

1

Michel

Ce matin, j'ai eu treize ans. Mais personne ne me souhaitera mon anniversaire aujourd'hui. Maman est loin. Quant à mon père...

Allongé sur la couchette du Volvo, sous le toit du camion, je n'ai dans mon champ de vision que l'épaule droite du chauffeur et un carré de béton gris. La route tangue et roule à travers le pare-brise.

Cahot.

Ma tête cogne contre la paroi du bahut. Lèvres serrées, je retiens mon souffle. Si le routier me découvre... Au mieux, je me retrouverais sur la BADU, comme ils disent, la bande d'arrêt d'urgence de l'autoroute. Au pire, ce sera « stop » à la gendarmerie la plus proche. De toute façon, personne n'aime les passagers clandestins et je serais débarqué si... J'ai les boules rien que d'y penser.

Cahot.

Treize ans ! Suzanne, ma mère, prétend que c'est un âge idiot. Pourquoi ? Et trente ans... c'est quoi ? Pourquoi un âge devrait-il être idiot ou intelligent, selon la date de naissance de son propriétaire ?

Qu'est-ce qu'elle fait, maman, ce matin ? Pauvre Suzanne ! La mort du père... mon départ... Je suis sûr qu'elle n'a pas aimé, pas du tout même. Ma lettre a dû la rassurer. Du moins, je l'espère.

En attendant, c'est la galère. J'ai une crampe dans le dos et j'aimerais bien m'asseoir. Mais l'autre est là, les mains à « 10 h 10 » sur le volant, avec cette radio qui gueule, et je m'aplatis encore plus contre le matelas de la couchette.

Le camion fonce, et j'ignore où il va exactement. Depuis mon départ, je m'oriente d'après les numéros des plaques minéralogiques des mille-pattes que j'emprunte. 27... Eure, 69... Rhône. Peu m'importe le trajet de l'engin pourvu qu'il me rapproche de mon but, Combloux, dans le 74, la Haute-Savoie. Cela fait exactement cinq jours que je suis parti de chez moi, de Bayonne-la-Basque, ma ville natale planquée à l'embouchure de l'Adour.

J'essaie, en écoutant les routiers, dans leurs lieux de chargement, de bien connaître leur destination.

Leurs enseignes, aussi, m'aident relativement. Lorsqu'un driver a son port d'attache à Bordeaux, il a une forte chance d'y retourner. Mais ce n'est pas toujours vrai, sinon je serais déjà arrivé.

En principe, mon charter file sur Genève. Du moins, c'est ce que j'ai compris, au parking d'Avignon, lorsque je l'ai repéré.

J'ai faim. Qui dort dîne, paraît-il. Ça non plus, ce n'est pas vrai. Encore un truc inventé par un mec qui n'a jamais eu faim. Je somnole... me réveille... et la main qui tord mon estomac reste fidèle au poste.

Oui, j'ai faim et je rêve de viande crue, d'un tartare géant avec un œuf à cheval.

Il fait nuit. J'ai dû dormir longtemps. Le camion entre dans une zone éclairée, ralentit, s'immobilise. Mon chauffeur s'éjecte. Long silence. Je lève la tête vers la portière. Lumières glacées à l'extérieur.

À mon tour, sans me faire repérer, je saute sur le ciment.

Gare routière. Des dizaines de gros-culs, soigneusement alignés contre un quai, terminent de charger. Du monde. Des gus, en mouvement, crient, s'interpellent. C'est sûrement Lyon pour être une halte aussi importante.

Mon routier taille une bavette avec un homme en blouse noire. Je m'approche, écoute. Catastrophe ! Il va bien à Genève mais doit d'abord charger ici, à Rungis. Je suis dans la banlieue de Paris, avec ce con d'estomac qui ne veut pas me lâcher les baskets. C'est probablement de là que vient l'expression « avoir l'estomac dans les talons ».

Un gars s'avance vers un bahut garé. Il marche, tranquille, en mordant dans un sandwich vaste comme la faim dans le monde. Paraît qu'il existe un Rouski qui fait saliver les chiens en leur faisant entendre le tintement d'une cloche. Moi, j'ai pas besoin du son. La lumière me suffit, cette clarté dorée qui entoure le casse-croûte. On dirait une barre d'or offerte sur un plateau d'argent. Sans réfléchir, je prends le bonhomme dans ma ligne de mire et flashe sur le pain.

Arrêt-buffet. Le gars s'arrête près d'un Saviem,

ouvre la portière. Quelqu'un l'appelle. Il pose le sandwich sur le siège, se retourne. J'ignore encore comment j'ai fait, mais le résultat est là. C'est moi qui ai pris le relais et battu le record mondial du « casse-croûte 4 × 100 mètres », avec mon témoin géant à la main.

L'autre n'a rien vu, sinon que son dîner s'est fait la malle. Je l'entends hurler. Visiblement, sa mère l'a mal élevé car des jurons comme ceux-là pourraient figurer aisément dans le livre des records, rubrique « insultes et malédictions ».

Que c'est bon de manger quand on a faim ! Presque aussi bon que d'aller pisser lorsqu'on en a envie. Je me soulage sur la roue d'un camion et reprends ma quête : un mille-pattes, aussi direct que possible, pour aller à Combloux.

Drôle d'idée que j'ai eue, mais je n'y peux rien. Il y a six mois, maintenant, que le vieux est mort et, depuis, ça m'a pris la tête. Quand ma mère me l'a annoncé, elle parlait à voix très basse, avec une figure que je ne lui connaissais pas. Blanche, qu'elle était, figée comme un morceau de glace, comme si sa peau et ses yeux s'étaient caillés d'un coup. J'ai vu ça, une fois, dans un ruisseau en hiver, lorsque le père m'emmenait à la pêche.

Suzanne parlait, et les mots gelaient au fur et à mesure qu'ils sortaient de sa bouche. Je l'entendais à peine mais je comprenais tout, comme si je lisais sur ses lèvres : « Le camion de papa s'est crashé contre un arbre. »

Et moi, je me brisais en deux.

J'enregistrais les mots que prononçait ma mère et je voyais, en même temps, la fissure qui se creusait en moi. Je n'ai pas pleuré. Maman, non plus. On s'est regardés, muets soudain.

J'ai marché vers la porte. Pas couru, marché, et j'ai pris mon vélo. Pour rouler. Des kilomètres. Avec, au crépuscule, à l'orée d'un bois, toute la tristesse du monde sur les épaules. Toute la nuit, je suis resté assis sur une souche, adossé à un arbre. Je tremblais de froid. Avec le recul, je ne suis plus sûr, aujourd'hui, que la fraîcheur ait été la seule cause de mes frissons. Au petit matin, j'ai repris le chemin de la maison.

Enterrement et retour au lycée, comme si rien ne s'était passé. Tout était pareil : les profs, les copains, la ville, ses odeurs et ses bruits. Je savais seulement qu'en rentrant, une fois ma mère retrouvée, il n'y aurait plus personne à attendre. Le père n'était plus sur la route et ne reviendrait jamais.

Apparition de la démangeaison intérieure, cette pression côté cœur qui s'installe en vous, qui vous mord, égratigne. Ce n'est jamais violent, seulement permanent et ça devient intolérable. Puis l'idée a pris ma tête, y a planté son drapeau, enkystée en moi comme un organe de plus que ceux que la nature m'a donnés, un organe parasite qui me ronge à petit feu. Oui, une idée simple, aller voir l'endroit où papa est mort et fleurir le pied de l'arbre. Une idée de môme mais, peut-être, la seule façon d'exorciser le démon qui vit maintenant en permanence avec moi.

J'en ai parlé à Suzanne. Elle m'a dévisagé sans parler, m'a serré longuement contre elle et la réponse est tombée : un « non » sans bavures. Le lendemain, elle s'est précipitée chez un psy. Il lui a dit que ça passerait avec le temps. Quel con, ce type ! Le temps passe... pas ma démangeaison.

J'ai pris la route. Sans argent. Sauf les 50 francs que je planque dans une poche. Interdit d'y toucher. À Combloux, j'achèterai des roses rouges et je les déposerai à l'endroit où...

Miracle ! Il est là ! Avec son sourire de chrome et ses couleurs d'arc-en-ciel. Un Mercedes de 38 tonnes, à la caisse d'alu garnie d'inscriptions françaises en bleu, jaune, rouge. La plaque porte une immatriculation suisse : GE, plus un aigle. Genève ! Qu'il est beau mon Trans-Europ-Express. Une gueule de guépard sur un corps de taureau. Avec lui, c'est sûr, il n'y aura pas d'entourloupes.

Un tour de repérage autour du bahut. Personne. La portière s'entrouvre sans grincer. Ils sont soigneux, ces Suisses ! Je monte sur le siège, referme la porte, escalade la couchette.

Je suis crevé et j'ai dû, sans doute, m'endormir. Lorsque j'ouvre les yeux, je ne vois que la clarté des phares, en éclaireur sur la route, et les lueurs de voitures qui, par paquets, arrivent en face, derrière le rail d'acier de l'autoroute.

Le moteur tourne rond. Entre deux messages publicitaires, la radio débite du rock. Le routier chantonne lorsqu'il connaît l'air diffusé.

Le camion fonce dans la nuit.

2

Franz

Il fait chaud à Istanbul. Le cagnard tape dur ce matin. L'air brûle, frémit, danse et tisse des ondes de dentelle sur les capots des camions alignés, aile contre aile.

Ça grouille dans la gare routière, et je commence à m'énerver dans cette foule d'où fusent toutes les langues inventées à Babel.

Turzim est en retard d'une demi-heure. Je lui ai confié le camion hier matin. L'inquiétude s'installe.

— Il me faut une dizaine d'heures pour l'aménagement, m'a-t-il dit. Je te retrouverai demain à 9 heures au Topkapi-Parking. Il porte le même nom que le palais des anciens sultans.

L'heure tourne. J'attends.

Pas question de me faire repérer. Ce ne sont pas les Turcs qui m'affolent. Avec eux, ça s'arrange toujours. L'avantage, en Orient, c'est qu'un billet de 10 dollars, glissé au bon moment dans la main adéquate, ouvre bien des portes.

Bruits et ragots. La rumeur du jour raconte en sourdine que certains services de l'Ouest s'intéresseraient de près à Istanbul et à ses multiples combines. Sans compter les Yougos en folie, toujours en quête d'armes et de carburant pour s'entretuer dans une guerre civile, fraîche et joyeuse. Info ? Intox ? Quoi qu'il en soit, il est temps de repartir. La route du retour sera plus longue si je veux éviter la zone des combats. Je ne devais rester là que quarante-huit heures et ça fait maintenant cinq jours que je campe dans ce minable hôtel oriental que les routiers appellent le Chichekebab-Palace, un authentique ***** sous zéro, catégorie Pouilleux, N.N. Heureusement qu'il y a des distractions à la Corne d'Or et que j'ai rencontré Nadja. Après trois nuits passées ensemble, je ne suis toujours pas sûr que ce soit une femme.

J'en ai parlé à Turzim. Le Turc prétend que les androgynes ne manquent pas entre Galata Saray et le Bazar.

— Tu es sûrement tombé sur un castrat.

Je n'en suis pas certain. Sa voix n'est pas assez aiguë pour une opération aussi grave.

Ah... voilà Turzim !

Un échalas, garni d'un ventre et de fesses énormes, avance entre les bahuts. On dirait le rescapé d'un accident de la route, une longue perche ornée de deux airbags, devant, derrière, collés à lui après l'impact.

Je fais semblant de ne pas voir sa main tendue. Il a une peau de loukoum, mon client turc, et je n'aime pas m'engluer dans sa paluche lourde et molle.

— Tout est O.K., tu charges dans une heure. Je t'accompagne.

— Ce n'est pas trop tôt. Où va-t-on ?

— Je vais te guider, prends le bout de bois.

Le polichinelle turc se hisse dans le piège. Je démarre.

Le bahut passe le pont intercontinental. Je sors d'Istanbul. Devant moi, l'Asie, poussiéreuse et triste, s'étale jusqu'à l'infini.

Vingt kilomètres de bonne route, suivis de cinq bornes sur un chemin de terre. Turzim me désigne une longue construction blanche, sans fenêtres, à l'écart d'un village.

— C'est là. Entre dans la cour.

La manœuvre amorcée, je freine brutalement et envoie Turzim contre le pare-brise. Il grogne et ça ne me déplaît pas.

— Qu'est-ce qui te prend ?

— Tu n'as pas vu le flic, à l'entrée de la cour ?

— Bien sûr que si. C'est moi qui le paye pour maintenir l'ordre. Avec tes clients, des Kurdes, vaut mieux prendre des précautions. Eux et l'amour courtois, ce sont des choses différentes.

Turzim se pique de culture française depuis qu'il a fait des études dans une école de l'Hexagone. L'amour courtois... Tu parles !

Très vite, mon boss me passe les consignes et m'indique mon nouvel itinéraire marqué en rouge sur une carte.

— La guerre t'oblige à un détour important. Pour le reste, tarif habituel, 300 dollars par tête de pipe plus 1 000 dollars pour les frais, moitié payés ici et le reste à la remise des colis à la frontière française. Tu auras une cargaison de peaux de mouton comme camouflage. Du fret correct à livrer dans une usine de délainage de Mazamet. Voilà les documents.

Je secoue la tête pour dire non.

— Ce n'est pas ce qui a été convenu. Le deal prévoyait la totalité cash, à l'embarquement. De plus, les croisades interethniques des Yougos nécessitent un trajet qui mérite un bonus que j'estime à 5 000 dollars. Ce n'est plus la tôle que je risque, mais du bois blanc, celui dont on fait les cercueils en temps de guerre.

— Convenu ou pas, ce n'est plus actuel. La semaine dernière, un de tes potes, un Allemand, a largué sa marchandise en Bulgarie, avec tous les emmerdements que ça comporte. Et je l'avais payé d'avance ! Tout allait bien du côté de Sofia et maintenant, pour avoir la paix, il faut casquer là aussi.

— Je ne suis pas allemand, et tu sais bien qu'on peut me faire confiance. C'est le quatrième voyage que je fais pour toi.

L'autre rit en sourdine et dévoile des dents bien plantées.

— T'as intérêt à être régulier. Je ne suis pas seul dans l'affaire.

— Je sais. Tout le monde a intérêt au trafic de la viande humaine ; les pays terroristes et les autres, les dictatures à visage humain, les zones de chômage endémique et celles où la main-d'œuvre locale est trop chère, sans compter tous les truands incapables de se reconvertir dans l'informatique, les assurances, la communication ou la pub et qui prélèvent leur livre de chair sur tout ce qui n'a pas de visa, de certif d'hébergement, de label d'origine « pur blanc », ou de religion politiquement correcte, garantie sur facture en trois exemplaires.

— Non, tu ne sais pas... et ça vaut mieux pour toi. Moitié cash, ici, moitié à l'arrivée.

Je prends le cerceau et remets le contact.

— Salut ! Tu me regretteras.

La face ronde de Turzim change de couleur, et les taches brunes du chloasma qui orne sa face semblent grossir à vue d'œil.

Embrayage.

Le camion avance de dix mètres. L'autre, malgré ses Mae West, pique un sprint.

— Attends, kazik ! Deux tiers ici et le reste là-bas. C'est plus que correct.

Le Renault s'immobilise. Je passe un bras par la portière et tends une main ouverte vers mon doux patron.

— Cash ! Hic et nunc ! Tu as fait des études ? Tu sais donc ce que ça signifie.

Turzim trépigne, me débite un discours en turc. Le peu de vocabulaire que je possède dans cette langue me fait comprendre qu'il insulte ma mère, ma grand-mère et toutes les femmes qui les ont précédées depuis dix générations. C'est beau, lyrique, imagé... mais je m'en moque. Une seule chose a de l'importance, ce matin, mes 15 000 dollars comptant. Sinon, je repars à vide jusqu'à Istanbul. Là, je trouverai bien un chargement à emmener à l'Ouest. Entre le haschisch des seigneurs libanais, les armes des princes de la guerre, l'héroïne, l'or, j'en passe bien sûr, il n'y a pas de chargement qui reste sur le quai.

— Descends ! T'as gagné.

— Non, pas de témoin. Monte dans la cabine.

On dirait que je lui arrache une dent à chaque billet qu'il me tend. J'enfourne l'argent dans la large ceinture qui attache mon jean et je redescends pour surveiller le chargement.

Le fond de la belle-mère, la remorque, a changé de forme. Les routiers l'appellent ainsi parce que, disent-ils, ils l'ont toujours derrière eux. Les Turcs ont bien fait les choses. La cloison est maintenant garnie de penderies aux portes à claire-voie où seront bouclés mes gaziers. Faut bien qu'ils respirent et sans ces ouvertures on aurait des problèmes.

Les Kurdes embarquent. Ils entrent sans rechigner dans les placards. J'ai l'impression d'un vestiaire de stade, occupé par des cintres vivants. Turzim referme les portes.

Un grand gaillard grimpe à son tour sur le pike.

— C'est Kim, me précise le Turc. Il parle couramment le français et tu passeras par lui si tu as des ordres à leur donner. C'est leur chef.

Kim me salue d'un geste de la tête. C'est un garçon longiligne au visage bronzé avec deux yeux marron très brillants. Je pense à Tyrone Power dans *La Mousson*, un vieux film que j'ai vu avec Péji lorsqu'il m'entraînait dans son ciné-club, avec Féline, à l'époque où nous étions copains. Péji... Féline... Pas d'attendrissement, il y a dix siècles de ça...

À son tour Kim entre dans son cercueil. Lui et ses potes n'auront rien à bouffer ni à boire pendant quatre heures. Pas question, non plus, d'aller pisser. Turzim leur a passé des bouteilles d'eau en plastique, vides bien sûr, au col échancré, pour qu'ils puissent se soulager. Ce n'est pas une vespasienne, mon bahut.

Un premier relais est fixé à vingt bornes de la frontière bulgare. On y sera à la nuit. Et là, mes Kurdes dégusteront une potée de semoule et de l'eau. Un quartier libre de dix minutes est prévu pour se dérouiller les jambes.

Dernière consigne pour les candidats aux bonheurs divers de l'Occident : la boucler ! Se taire, quoi qu'il arrive aux arrêts.

Les hommes de Turzim chargent maintenant les balles de peaux de mouton en laissant un étroit passage qui permet l'accès aux armoires. Dieu, que ça pue !

Immobile, Turzim me regarde partir sans un geste de salut. Je n'aime pas son regard que je découvre dans le rétro de gauche. Je lève la main et dresse le majeur vers le ciel.

De nouveau le Bosphore. Je reviens dans la bonne vieille Europe civilisée, culturée et humaine.

Le moulin tourne comme une horloge. C'est Chris, un ex-pote lui aussi, garagiste franc-comtois, qui m'a formé. Et je ne le regrette pas. Des mécanos comme lui, je n'en ai jamais rencontré depuis. Des techniciens du diesel, j'en connais des paquets, mais des mecs capables de penser comme un moteur, de rêver pour lui, de le vivre de l'intérieur comme s'ils étaient nés entre les injecteurs et les durites, je n'en ai croisé qu'un, Christian Duc...

Le Renault court le long de la mer de Marmara. Direction : Colu, puis Edirne.

Encore un voyage comme celui-là et j'arrêterai. J'ai d'autres projets. Entre autres, consacrer tout mon temps à Féline. Elle en vaut la peine.

3

Paul-Jacques dit Péji

Comme dit l'autre : « LA ROUTE, C'EST CE QUI NE FINIT PAS. » Surtout aujourd'hui. D'abord un pneu à plat et, maintenant, le moulin qui chahute. Il chauffe.

Je dégage sur un parking pour conducteurs amateurs, un truc à pique-nique pour spécialistes de l'arrêt-buffet ou de la tendresse express, dans l'urgence de se remplir la panse ou de s'envoyer en l'air entre deux vroum-vroum. Une aire de repos avec bancs, tables et sacs-poubelles de plastique dont personne ne se sert. Les détritus jonchent le sol. Sont pas propres les conducteurs de bagnoles de tourisme, les drivers de pots de yaourt, les cracks du push-pull.

La cabine bascule. Un filet de fumée fuse. Un jet de vapeur siffle et gicle du moulin pour s'éclater en gouttelettes sur les cache-culbuteur. Pluie et brouillard. Frémissement d'air. On dirait un tableau de Turner. Encore une chose qui m'a séparé de Féline, ma passion de la peinture. Elle, en dehors du cinoche, elle n'aimait qu'elle-même.

C'était Céline, son nom. Mais à la voir marcher en

effleurant à peine le sol, à la regarder bouger dans un infime déhanchement, les copains l'avaient baptisée Féline.

Je n'étais pas jaloux. Flatté, oui. Elle était à moi, cette silhouette aux hanches étroites, ce visage aux yeux verts pleins d'une certaine promesse qu'elle tenait d'ailleurs toujours... ou presque. Féline... Le surnom collait avec le personnage, avec sa gueule de chat persan, sa face ronde et ses cheveux coupés très court qui la coiffaient d'une toque de paille. Avec ça, des jambes à n'en plus finir et un buste droit à filer des complexes à toutes les tours de Pise. Une amante valeureuse... voilà ce qu'elle était, ma femme, avant le tremblement de terre.

J'en parle au passé, mais dès que je prononce son nom, même mentalement, je suis repris d'une frénésie semblable à celle d'il y a trois ans. Exactement trois ans, huit mois et trois semaines.

Saleté de diesel !

Armé de chiffons, ramassés dans ma boîte à outils, je colmate la brèche. Clé à molette, pièces de métal. Je visse, enlève, remets. La vapeur brûle.

Pourriture de Féline ! Pourquoi est-elle partie ? Et avec Franz, encore ! Et avec qui voulais-tu qu'elle parte, sinon avec ton pote ? Tu n'aurais pas aimé qu'elle filât avec un inconnu, non ? Au moins là, tu étais en pays de connaissance.

Ouf ! Ça ne chuinte plus. Je vais essayer d'atteindre Besançon, en priant pour que mon bricolage tienne.

Accroché au-dessus du pare-brise, près du rétroviseur de droite, une figurine d'onyx et d'argent se balance au rythme de la marche. Un cadeau de Féline. Le seul objet matériel qui me rattache encore à elle.

Besançon, enfin ! La vieille ville espagnole du père Hugo ! Et Oslo, c'est quoi ? Une ville arabe ? Elle me traitait de poète, Féline. Surtout lorsque je refusais de sortir de la légalité dans mon travail, mais ça, c'est une autre histoire. Aujourd'hui, je joue Diesel Story.

Au garage Duc, Chris, le patron, jette un coup d'œil sur mon moulin, touche, flaire, boulonne.

— Tu peux y aller. Mais ramène ton bahut le plus vite possible pour réparation définitive. Faudra aussi régler ton circuit d'injection.

— C'est vrai, je consomme trop en ce moment.

— Où vas-tu, Péji ?

— Je livre à Dole, près de chez moi. Je rentre vite fait. Trois jours que je galère pour rattraper une grève de transitaires à Rungis. Je suis sur les rotules.

L'autre m'indique la porte du garage et me guide vers le trafic de la nationale. J'aime beaucoup Chris. C'est plus qu'un ami pour moi, et je lui dois d'avoir survécu au séisme d'il y a trois ans.

Une soixantaine de bornes sépare Besançon de Dole. La route est vide, et j'avance bon train. Je branche la CB pour saluer un ami que je viens de croiser et enclenche la radio. C'est l'heure du délire quotidien, les infos.

— *R.F.A. — On annonce de Bonn que, désormais, les tanks allemands seront munis de pots d'échappement catalytiques. Ils ne pollueront plus.*

Je me dis qu'on n'arrêtera pas le progrès. Passe encore de mourir... mais avec des poumons roses ! Santé et poésie...

— *U.S.A. — Le Congrès américain supprime certaines dépenses budgétaires. Les U.S.A. ne dépenseront plus 120 000 dollars pour la réalisation d'une moto de sécurité avec direction arrière.*

À quand un radar de queue dans les rames du R.E.R. ?

— *Iran. — Création de camps de rééducation morale. Ces camps disposeront de...*

Là, c'est trop. Je change de poste et tombe sur une série de nouvelles catastrophes sises entre les amours d'un rocker sourd-muet et un raz de marée au Bangladesh.

Une plaque émaillée surgit à la sortie d'un virage : DOLE. *Messe à 10 heures.*

Je traverse la ville, déboule dans une banlieue verdoyante et stoppe devant le Planétarium, un supermarché régional.

Sur le parking, accolés à la jetée de service, trois camions vident leur chargement. Faudra attendre... comme d'habitude. Deux hommes empilent des cartons, cerclés de rubans plastique, sur des palettes qu'ils poussent vers l'entrée des fournisseurs.

Un garde, en uniforme gris, tourne autour des bahuts. Il tient en laisse un berger allemand à la muselière desserrée.

J'attends. Je sors une B.D. de la poche de portière et me plonge dans la lecture de Corto Maltese. C'est toujours bien ficelé et, de plus, ça m'empêche de replonger dans mon cauchemar félinien. Dire qu'à cause de cette femme, j'ai perdu les pédales durant des mois. Et puis, un jour, il a fallu choisir entre les psy, les délires et la vie.

O.K. ! Ça va, je travaille.

Il m'énerve, l'autre, avec son uniforme et son chien garanti méchant. On dirait qu'il garde le Graal. Après tout, c'est peut-être vrai. Chaque époque n'a que ce qu'elle mérite. La nôtre a créé des nouvelles cathédrales : les supermarchés ! Et si le beurre sans matière grasse doit devenir le symbole de nos espérances, eh bien... vive le beurre à zéro calorie. La matière grasse ne passera pas !

Je reviens au héros d'Hugo Pratt. La première qualité d'un routier, c'est la patience. Je n'en manque pas. Je lis.

4

Michel

Qu'est-ce qu'il a, mon chauffeur ?

La caisse s'arrête devant un bistrot plein de lumières sur un parking plongé, lui, dans la pénombre.

De mon perchoir, je vois mon Suisse ouvrir la portière droite. La vitre se voile d'une chevelure de cuivre, et une fille vient s'installer près du conducteur.

Une odeur de campagne, une odeur de sous-bois dans un petit matin de mai, envahit la cabine. Un mélange de menthe et de miel avec une pointe du parfum dégagé par une peau chauffée par le soleil. J'adore !

— Salut, Max ! On ne te voit plus par ici.

— Ces dernières semaines, j'ai surtout navigué dans le nord.

La femme enlève un béret noir et libère une nappe de cheveux roux.

On dirait une perruque, mais je ne suis pas expert. Elle pose la coiffe près d'elle, se soulève et déplace un objet qui la gêne : un livre.

Le père avait tort lorsqu'il disait que les Suisses étaient tous banquiers. La preuve ? On y trouve aussi des routiers et des intellos. Faut bien que quelqu'un bosse dans ce pays, non ? Et si vous comptez sur les intellos, vous n'êtes pas sorti de l'auberge.

— C'est quoi, ça ?

— Tu vois bien, un bouquin : *Le Camion*, de Duras.

— Duras, tu dis ? C'est une marque que je ne connais pas.

— Ecoute, A.Q.P., t'es là pour quoi ? Pour m'aimer ou pour apprendre à lire.

— Oh, cool, toi ! L'amour, ça se mérite... sinon pourquoi baiser ? Autre chose, je n'aime pas qu'on m'appelle A.Q.P., c'est Sandra, mon prénom.

— D'accord, mais c'est un compliment qu'ils te font, les copains, lorsqu'ils disent : « Sandra, c'est A.Q.P., le label des Routiers, Accueil, Qualité, Prix. » Superbe, non ? T'as une renommée d'enfer sur le trimard, ma mignonne.

— Ça suffit. Je m'appelle Sandra, ne l'oublie pas. Allez, viens mon loup, ce soir, c'est moi qui tiens le bout de bois. On reste là ou on monte dans la couchette ?

Moi, dans mon mirador, je sens un froid soudain qui m'enveloppe. Il avait bien besoin de s'arrêter, ce grand Suisse ! Pouvait pas attendre Genève pour s'envoyer en l'air avec son écureuil ? Je me tiens prêt à m'éjecter, sinon ça va être ma fête.

Le père m'a expliqué pour ce genre de filles, les écureuils comme disent les hommes du cerceau.

— Faut comprendre. Avaler des kilomètres de bitume, les mains bloquées sur le bout de bois, l'œil ouvert face à tous les dangers, dans un bahut bourré de camelotes diverses qu'il faut livrer fissa, c'est dur, très dur. Rouler... Vite... voilà le boulot. Rouler. Plus vite. Ne pas arriver à la bourre et trouver les entrepôts bouclés, le cauchemar à éviter. Vite, encore plus vite. Foncer et faire le ménage sur la route en foutant la trouille aux pépés tranquilles pour respecter le chrono et toujours à la limite lorsque la météo devient folle. C'est pour ça qu'il faut aussi des écureuils.

— D'où vient leur nom ?

Je revois le sourire du vieux, je ressens de nouveau sa main dans mes cheveux. Un geste que j'aimais.

— Parce qu'elles montent et descendent non-stop, comme les écureuils dans les arbres. Un routier, c'est un marin de quart. Seul dans son piège avec la route pour seul horizon. Et parfois, un écureuil pour lui rappeler que le monde existe, que la route n'est pas vide comme un océan.

Retour au réel. Sur la banquette, la fille relève sa jupe. J'entrevois des cuisses au bronzage souligné par des jarretières noires tendues sur des bas Nylon.

Mais... Qu'est-ce qui m'arrive ? Il fait soudain très chaud dans ce camion. Je me sens tout chose. Pourtant les nanas, je connais. Au collège, avec Caro, j'ai tout compris depuis longtemps. Elle a treize ans, ma copine, et c'est la première fille qui m'a appris à jouer à « montre-moi le tien, je te ferai voir le mien ». Mais là, dans ce réduit, cette femme qui exhibe ses jambes, ça me fait un drôle d'effet. Vraiment, je n'ai plus froid, mais plus du tout !

Du doigt, mon Suisse désigne le haut de la cabine.

— Monte-là, nous serons plus à l'aise.

Je vois la masse de cuivre se hisser vers moi. Nos regards se croisent. S'installe un silence d'une seconde qui dure des siècles. Sandra me prend, sans doute, pour Dracula. Elle hurle.

— Y'a quelqu'un là-haut !

— Qu'est-ce que tu racon...

Il n'a pas le temps de terminer. Je repousse Sandra et toutes les A.Q.P. du monde, glisse, perçois une peau chaude sous ma paume et me retrouve en pleine course sur le parking vers une ligne d'arbres incrustés sur l'obscurité, derrière le restaurant.

Encore une nuit à la belle étoile. Ah, je les retiens, les poètes... La belle étoile... la belle nuit... Le petit bois bruisse de mille crissements. On entend des sons qu'on ne peut pas identifier. Un nocturne qui fonce sur une proie n'émet pas la même mélodie qu'un pneu qui chante dans un virage, et ces petits cris... ces plaintes de bêtes qui dévorent ou se font bouffer. Brr... Enfin la fatigue l'emporte.

Réveil derrière le bistrot. Le parking est plein. Sans hésiter, j'entre dans le troquet. Les hommes avalent le café du matin. Tous, ou presque, ont roulé toute la nuit. Les visages possèdent la couleur de l'aube, un gris blafard.

Une table, près de la fenêtre, m'offre une place vide face à un gars habillé d'un tee-shirt d'un vert si grinçant qu'il collerait une rage de dents à un édenté.

Je commande un café et dévore trois croissants et, en attendant, file au lavabo. La figure et les mains lavées, je sors mon peigne de ma poche et remets de l'ordre dans ma tignasse. C'est un cadeau de Caro, du plastique pur jus, et j'y tiens. Je deviens sentimental, hélas.

Les croissants fondent. Va falloir payer, maintenant.

Mouvement simulé vers les toilettes. Je profite du flux d'un groupe vers la porte, me glisse parmi les hommes, et file vers la sortie.

Un paquet de gros-culs est garé près des arbres. Iveco, Renault, Mercedes... attendent leur seigneur et maître, le conducteur. Dix minutes passent. J'espère à l'abri d'un de mes bunkers sur roues. La patronne du bistrot se pointe à la porte. On dirait qu'elle cherche quelqu'un. Moi, bien sûr.

Fiasco ! Pas plus de Grouchy que de Blücher à l'horizon. La tôlière hausse les épaules et s'en retourne vers son comptoir.

Mon gars au tee-shirt vert paraît. Rarement vu un gaillard aussi grand. Blondasse, massif, on dirait un tronc d'arbre mal équarri. Il marche d'un pas lent tandis que ses rangers font un bruit de succion sur le gravier.

Il ouvre la porte d'un Saviem. Invisible du café, j'accours.

— Où allez-vous, m'sieu ?

— À Dijon. Pourquoi ?

— Je cherche un stop. Mon père est routier.

— C'est quoi, son blaze ?

— Biarrot 64, sur la C.B. Il était... Il est de Biarritz, mais on habite Bayonne. Je dois le rejoindre du côté d'Annecy.

— Monte.

Je lui fais un grand sourire et m'installe, tassé sur le siège pour ne pas être repéré du café.

C'est parti. Voilà un moulin bien réglé, et mon voisin connaît son affaire. Les vitesses grimpent sans effort. Les lumières du tableau de bord me font les yeux doux. Depuis que je suis sur le trimard, je me demande toujours qui porte l'autre : le camion ou le routier ?

Je ferme les yeux, somnole.

Secousse. Le bahut ralentit.

— Grimpe dans la couchette, il y a un contrôle sur la route.

De nouveau sur le matelas, je repense à Sandra et sens la chaleur envahir mon visage.

On passe le barrage sans incident. Les Q.R.M. rouges, les gendarmes dans le code des cibistes, ne s'intéressent aujourd'hui qu'aux voitures de tourisme.

Les kilomètres dégringolent. Nouvel arrêt. Cette fois, Marcel, c'est le nom de Tee-shirt-vert, m'invite à casser la croûte. Mon premier vrai repas depuis une semaine.

On roule. Alourdi par le steak et les frites, je

m'endors tout de suite. Un cahot me réveille. Le camion quitte la nationale et prend un chemin de traverse.

— Où va-t-on ?

— Juste une pause.

La main de Marcel glisse sur la banquette, s'empare de ma cuisse, s'arrête sur la braguette. Je recule vers la portière. Il rit.

Le bahut s'immobilise à l'écart du trafic.

— Tu verras, ça se passera bien. Je parie que c'est la première fois.

Je le regarde, assommé. Manquait plus que ça, que je tombe sur un routier pédomachin. Je ne me souviens plus du mot exact. Mais c'est son problème, pas le mien.

Sa main revient.

— Laisse-toi faire, sinon...

— Sinon ?

— Je te ramène là où je t'ai chargé. Tu crois que je n'ai pas vu que tu es parti sans payer ?

T'as qu'à croire, mec, et espérer que je vais marcher dans ton bluff. De toute façon, pas question de ce jeu-là avec moi. Il y a une femme dans ma vie, c'est Caro. Menteur ! L'image de Sandra et de sa jarretière noire vient se superposer et effacer la petite tête ronde de ma copine.

Tee-shirt-vert essaie de me saisir l'épaule. Du tranchant de la main, je cogne sur son nez. Il crie, tandis qu'une tache rouge vient s'étaler sur ses lèvres et couler vers son menton.

Tout va très vite. Portière. Saut. Je cours dans un sous-bois. Seul, personne ne me suit.

J'entends, au loin, le bruit du diesel que Marcel vient de lancer. Je ralentis, m'arrête. Le silence retombe, cassé, par instants, par les cris des piafs.

Coup d'œil sur la route. Personne. J'avance à l'ombre des arbres. Une Clio blanche surgit derrière moi. Chouette ! Une femme au volant. Je lui fais signe. Elle se gare.

Je cours vers la portière. Bonheur ! C'est Sandra, l'A.Q.P.

Elle ne m'a pas reconnu.

5

Franz

Frontière bulgare. Le bahut passe sans histoires.

Je roule à ma main, sans forcer. Pas question d'attirer l'attention des flics. Les douaniers de l'Europe du Sud ne font pas de zèle, aujourd'hui, et me voilà chez les Yougos.

Malgré la tension créée par la guerre, je traverse Belgrade sans problèmes. Détours. Routes et chemins défoncés. Je déboule en Dalmatie. Ouf ! Le plus dur est fait.

Du nouveau. Cette Peugeot derrière, une 205 noire, avec des plaques turques, je l'ai déjà vue à Sofia. Elle me passe sur la route de Rijeka et se perd à l'horizon. Si je flashe sur toutes les voitures qui me doublent, je ne suis pas sorti de l'auberge.

Depuis la Bulgarie, je n'ai pas accordé un seul arrêt à mes mannequins. C'est vrai, plus je les regarde et plus je leur trouve l'air de figurines imitant les êtres humains. À part leurs yeux... Bigre ! C'est plein de haine, de fatigue et de lumière un regard comme celui de mes statues de chair. Quel désespoir faut-il traîner avec soi pour se lancer dans une telle escapade ? Mais comme dit Turzim : « Même en taule, à l'Ouest, ils seront encore plus heureux que dans leurs montagnes hachées par la guerre, la fureur et la peur. Tu te rends compte... Ils auront tout à l'œil ! Nourris, logés, baisés ! Et peut-être le sida en prime ! Que peut bien demander d'autre un honnête homme ? Alors tant qu'il y aura des mecs terrorisés, il y en aura d'autres pour les transporter. »

En fait d'honnêteté, il s'y connaît, Turzim, rien à dire. Moi, je m'en moque. Le fret, c'est le fret. Humain, animal, végétal... Quelle importance ? Est-ce que les cheminots allemands se préoccupaient du chargement de leurs trains de déportés ? Arriver à l'heure... C'est tout ce qui importait.

Malgré le bruit du diesel, j'entends soudain des coups dans mon dos. Le bois vibre. Mes gars s'énervent. La prochaine étape se situe un peu avant la frontière italienne, dans un petit hôtel régulièrement utilisé par les passeurs.

Route ! Les bornes dévalent. Enfin, la halte.

Le bahut dégage de la bande de ciment et vire à droite dans un chemin enfoncé entre deux talus. Arrêt, buffet ! Vont être contents, mes Kurdes, depuis le temps qu'ils se serrent la ceinture. À l'étape bulgare, pour une raison que je n'ai pas comprise, ils n'ont eu droit qu'à de l'eau.

La baraque est vide de tout client. Bref entretien avec le patron qui me pique 200 francs par tête de Kurde. C'est cher, mais il faut bien qu'il gagne sa vie, lui aussi. Mes gars s'installent dans un hangar désigné par l'hôte et s'écroulent sur des bottes de paille.

Gino, l'hôtelier, leur apporte un jerricane d'eau et trois bols vides.

— Ils sont assez grands pour se servir seuls.

— Ils ont le ventre vide. Qu'est-ce que tu leur as préparé ?

— Préparé ? Tu te crois dans un club de vacances, sous les palmiers ? Sex, sun and sea ? Fatmas et grande bouffe ? Turzim m'a dit : « Tu vas recevoir trente colis. Tu les couches pendant six heures et tu les expédies en Italie. Je ne suis pas payé pour les faire dîner. De plus, il n'y a rien au frigo. J'ai peur de me faire repérer en achetant trop de bouffe à Lazio.

Coup d'œil dans les hangars. Les hommes dorment.

Je pars dans la campagne me dérouiller les jambes et m'installe sous un arbre à regarder la campagne verdoyante. Je somnole. J'ai même dû m'assoupir malgré moi car le soleil amorce sa descente dans le ciel sans nuage.

Retour à l'hôtel. Quelque chose attire mon attention. Des insultes et des vociférations se font écho dans une langue que je ne comprends pas. Mes Kurdes sont tous dehors, et la discussion avec l'hôtelier me semble assez peu amicale. Sinon pourquoi l'Italien pointerait-il un Beretta de calibre 9 mm sur le groupe ?

J'accours.

Kim, le francophone, s'adresse à moi.

— Mes amis ont faim, et cet homme refuse de nous donner à manger.

Pas question de leur expliquer. Ça risquerait de finir en Saint-Barthélemy. Bien sûr, je mens.

— Vous mangerez tout à l'heure, avant de reprendre la route. Allez vous reposer, vous en aurez besoin.

— À quelle heure reviendra le camion ?

— Qu'est-ce que tu chantes ? Le camion est là.

Je désigne le bouquet d'arbres plantés devant l'entrée de l'hôtel.

— Non, le camion est parti.

Ahuri, je me précipite vers le chemin et je dois me rendre à l'évidence, mon bahut a disparu. Volatilisé, parti, escamoté. Par qui ? Personne ne sait.

Je fais entrer le troupeau dans le hangar et fonce sur le téléphone. J'appelle Istanbul et m'aperçois, derechef, que Turzim possède un vocabulaire limité en matière d'insultes. À moins que ce soit l'influence de son complexe d'Œdipe dont il n'arrive pas à se défaire. C'est toujours ma mère qui revient au premier plan de ses préoccupations.

— Où es-tu ?

Je lui donne ma position.

— File jusqu'à Rijeka, je t'y retrouverai demain. Je prends le premier avion. Rendez-vous à l'hôtel Italia.

— Et mes gars ?

— Largue-les dans la nature.

— Ils ne vont pas aimer.

— Je me fous de ce qu'ils aiment. Largue-les. Par tous les moyens.

— Oh, où tu vas, toi ? Et mon camion ? Tu sais ce qu'il vaut, mon bahut ? Une fois les gonzes partis, j'irai voir la Milice.

Au bout du fil, résonne comme un sanglot. Ou, par un bienheureux hasard, Turzim ferait-il un infarctus ? J'entends des borborygmes qui s'articulent enfin dans un cri terrifié.

— La Milice ? Mais tu es fou !

— Faut bien que je fasse une déclaration pour l'assurance. C'est mon gagne-pain, mon mille-pattes.

Nouveau hurlement.

— Ne fais rien avant de m'avoir vu. Largue tes types et va à Rijeka. Ne joue pas aux durs si tu tiens à ta peau. File, vite. Aussi vite que tu le peux.

— Tu te prends pour qui pour me donner des ordres de cette façon. Je ferai ce que...

Clac ! Il n'y a plus d'abonné au numéro que j'ai demandé.

Gino rapplique. Il apporte une bouteille d'asti et deux verres.

Sans un mot, il me tend une coupe. On trinque.

— Tu comptes rester combien de temps ici ?

— Le temps de renvoyer les Kurdes dans leurs gourbis et de voir ce qu'a bien pu devenir mon camion.

— Et ça te prendra ?

— Je ne sais pas. Après tout, c'est toi le responsable de ce désastre. Je gare dans ton hôtel, et tu ne remarques même pas qu'on vole mon bahut.

— Oh, doucement l'ami, doucement ! J'ai bien entendu le moulin tourner, mais j'ai cru que tu faisais un réglage. De plus, tu m'as payé pour héberger tes gars un moment, pas pour veiller sur ton bien. Il faut que, dans une heure, tes clandestins se tirent d'ici. Avec les retombées de la guerre, c'est encore pire qu'avant avec les flics, et je n'ai pas envie de moisir dans les prisons croates, serbes ou moldo-valaques. Rien à cirer, de tes gars, de ton boss et de vos affaires. Vu ?

Je vois mal. Faudra que je pense à porter des lunettes lorsque je croiserai des gus du style de Gino.

Je file vers le hangar.

Gino me rappelle.

— Tu es armé ?

— J'avais un colt planqué dans le camion.

— Tiens, prends ça.

Il me tend un manche de pioche. J'hésite. J'suis pas un kapo, quand même. L'autre reste immobile, muet.

Je lui fais signe, et il me jette la barre de bois que je saisis au vol.

Ça ne se passe pas bien avec Kim, mon interprète. La paix est mal barrée s'ils sont tous comme ça au service traduction de l'ONU. Je n'ai pas le temps de faire un geste que je me retrouve balancé hors du hangar par une meute de loups à visage humain.

— C'est un pléonasme, dirait Féline.

C'est bien le moment de penser à elle. Je me

relève, mais une chaussure à bout ferré me choppe de plein fouet dans l'estomac. D'un coup, d'un seul, je me souviens de ce que j'ai mangé depuis trois jours. Je suis de nouveau à quatre pattes. Un coup de pied dans les gencives m'empêche d'articuler les paroles apaisantes que j'aimerais leur dire sur la solidarité, l'espérance et la charité bien comprises. J'ai d'ailleurs un doute. Je ne suis plus sûr du tout d'avoir envie d'intégrer les Compagnons d'Emmaüs. J'ai envie de tuer.

Ils sont tous là. Tous. Les trente clandestins que je devais livrer près de Menton. De ma position, celle du tireur couché, je n'aperçois qu'une cage faite de jambes dressées en rideau autour de moi. Je suis prisonnier de soixante pieds habillés de chaussures innommables, même pas cirées, mais qui font rudement mal lorsqu'elles atteignent leur cible, moi.

Je suis un homme de mon temps et je crois à la communication. J'essaie donc encore une fois d'expliquer. Mais je dois être comme Rocard un jour de conférence télévisée, les mecs, en face, ne comprennent rien à ce que je raconte. Je lève la tête et ne rencontre que soixante flèches enflammées surgies des yeux de ma cargaison. J'essaie de me lever. Une énorme détonation vibre près de moi. Je retombe. Il fait noir.

Quelque chose de frais coule sur mon visage. Je suis allongé dans la cour. Je vois clair de nouveau. Gino m'essuie le visage avec un torchon humide.

J'essaie de m'asseoir, mais tout pivote autour de moi et je retombe.

Gino m'aide à me relever, et je m'appuie sur lui pour regagner l'hôtel. C'est alors que je réalise que l'Italien porte un fusil à l'épaule, une Winchester automatique, une arme de grande chasse, méchante et précise.

L'hôtelier me tend un nouveau verre d'asti que j'avale d'un jet.

— Ils sont partis. Mais il a fallu que je tire en l'air pour me faire respecter et te dégager. Qu'est-ce que tu vas faire ?

— J'ai rendez-vous avec Turzim, à Rijeka. Il veut me voir.

L'Italien me jette un regard en biais. J'interroge.

— Quelque chose ne va pas ?

— Oh, rien de spécial. Préviens simplement ton boss que je ne veux plus d'arrêt chez moi tant que les Kurdes traîneront dans le coin.

— Tu crois qu'ils vont rester par ici ?

— Où veux-tu qu'ils aillent ? Se livrer aux flics ? Retourner chez eux ? Se balader en Bosnie ? Non. Si encore c'était des philosophes germanopratains... mais ce ne sont que des clandestins, alors... Ils vont plonger, encore plus loin, dans la débine avec tout ce que ça comporte. Ils ont faim et vont avoir encore plus faim demain et les autres jours. Ventre affamé ne connaît que lui-même. N'oublie jamais que c'est avec les estomacs vraiment vides qu'on obtient les plus belles révoltes, les plus beaux meurtres, les plus jolies saletés. Et toi, évite de te retrouver sur leur chemin. Je crois vraiment qu'ils ne t'ont pas à la bonne.

Il me tend un nouveau verre.

— Ça va mieux ? Oui ? Je t'emmène à Lazio, ma sollicitude à ton égard s'arrête là. Tu prendras le train pour Rijeka, c'est à vingt bornes. Je tiens à ce que tu files d'ici le plus vite possible.

— Escorte-moi jusqu'à Rijeka.

— D'accord, mais ça te coûtera 1 000 dollars. Payables d'avance, bien entendu.

— Tu es fou ? 1 000 dollars pour vingt kilomètres ! C'est quoi, ton carburant ? Du super, en or massif ?

— Non, mec. Je suis comme toi, je roule au sang humain, mais moi, j'aime ça. Debout ! Tu vas découvrir les beautés de l'Adriatique. Mais, money first !

Sans vergogne, il me tend la main.

6

Michel

La Clio se faufile dans une circulation de plus en plus dense.

— Où vas-tu ?

— En Savoie.

— Je fais étape à Arbois, dans le Jura, ça te rapprochera. Qu'est-ce que tu fais sur le trimard ? Tu fugues ?

Marre d'entendre toujours les mêmes questions. On se croirait à la télé. Et là, y'a rien à gagner. Je ne réponds pas et fixe la route.

Le regard de Sandra se fait ironique et quelque chose craque en moi.

Est-ce parce qu'elle questionne gentiment ? Ou, peut-être, parce que c'est une femme et que maman me manque ? Je craque. Pour la première fois depuis la catastrophe, j'ai envie de parler, de raconter.

Le regard collé à la route, elle écoute, sans un mot de commentaire.

Je lui parle... de l'accident, de la peine, du besoin de sortir de moi, d'arracher de mes tripes cette poigne qui m'étouffe chaque jour un peu plus. Je ne veux plus, je ne peux plus être ce crâne écrasé sans cesse par un Jivaro invisible. J'ai lu, un jour, l'histoire de ces Indiens réducteurs de têtes et je ne l'ai jamais oubliée.

— ... Je vais seulement déposer deux roses à l'endroit de l'accident. Ma mère ne voulait pas que j'y aille. En fait, vous avez raison, je fugue.

Seul le bruit du moteur trouble le silence. Conduite nerveuse. Virage serré. Elle redresse sèchement, à la limite du dérapage, mais reste bien en ligne. Je suis projeté un instant contre son épaule. Dieu ! Qu'elle sent bon, cette femme !

— Pourquoi deux roses ?

— Une pour Suzanne, ma mère, et une pour moi.

Sans un mot, elle passe sa main dans mes cheveux. Le même geste qu'avait le père. Pour la première fois depuis le pépin, j'ai envie de pleurer.

— Tu mettras aussi une fleur pour moi, si tu veux bien. J'aime beaucoup les routiers. Je ne travaille pas ce wcek-end, et tu peux rester deux jours chez moi si ça t'arrange. Ça te fera du bien de quitter le trimard.

D'un hochement de tête, je lui donne mon accord.

C'est bien, chez Sandra. Sa maison est un petit pavillon de pierres blanches, bâti en dehors d'Arbois, dont les portes-fenêtres donnent sur un jardin couvert d'une brassée de plantes sauvages.

— Il n'est pas beau, mon parc ? Je n'enlève que les mauvaises herbes. Pour le reste, je laisse faire la nature, y'a pas meilleur fleuriste qu'elle.

Sandra s'affaire dans la maison, ouvre partout, aère. Plantée devant une plate-bande, elle inspire l'air à pleins poumons.

— Ici, c'est mon Shangri-là, dit-elle.

Je la regarde, étonné.

— Shangri-là, c'est un lieu protégé, un paradis isolé dans les montagnes. C'est vrai, tu ne connais sûrement pas les *Horizons perdus*. Tu aimes le cinoche ?

— Je n'y vais pas souvent, vous savez.

Sans hâte, elle reprend le nettoyage de la cuisine. Spontanément, j'attrape un chiffon et l'aide à dépoussiérer. Elle me regarde en coin, ne dit rien.

— Tu as faim ? Quelle question ! On a toujours faim à ton âge. Au fait, tu as quoi... treize ans, quinze ? À peine, ton ossature est encore en mouvement.

— Non, non, j'en ai seize !

Je m'en veux de mentir et j'ignore le pourquoi de ce mensonge.

Le chat blond hoche la tête. Du doigt, elle me désigne, dans le salon, un fauteuil de cuir fauve en sentinelle devant une table basse.

— Installe-toi là. Café ou chocolat ?

Dix minutes après, je déguste des toasts beurrés avec un café coiffé d'une mousse laiteuse.

— C'est un Italien qui m'a appris le cappuccino. Je crois que tu vas aimer.

J'aime, en effet.

— Je n'avais encore jamais mangé de toasts. C'est bon.

Grand rire d'approbation.

— Je vais faire quelques courses en ville. Tu restes là. Tu as la télé ou des livres. Ah... autre chose. Ne réponds pas au téléphone s'il sonne. Je n'ai pas envie que l'on me casse les pieds.

J'entends le bruit de la porte qui se referme.

Je dois être vraiment crevé car je me suis assoupi et ne l'ai pas entendue rentrer.

C'est le son de la télé, brutalement mise en marche, qui m'a réveillé.

— Debout, couleuvre ! Il est 6 heures. Je t'ai fait couler un bain. Tu as l'air d'en avoir besoin. Ensuite on dîne, vite fait, et je t'emmène au cinoche. Il repasse *Une nuit à l'Opéra*. Tu connais ?

Oui, je connais. Mais il était dit que je ne reverrais pas les Marx Brothers, ce soir-là.

Je barbote dans une baignoire vaste comme la bouche de l'Adour. À croire que la salle de bains est la pièce principale de la maison.

Découverte du jacuzzi. J'adore les caresses de l'eau sur ma peau. Je me sens tout drôle. L'eau, garnie de sels à la lavande, me semble un coin du paradis terrestre. Je nage dans la mousse et décide de prendre une douche pour me débarrasser des mille tonnes de poussière ramassées sur le turf.

Sans frapper, Sandra se pointe dans la salle de bains. Après tout, elle est chez elle, non ? Une robe de chambre, en soie verte, la fait paraître plus jeune qu'elle n'est.

Eberlué, je la regarde. Elle a changé la teinte de

ses cheveux très courts. Maintenant, elle est blonde, un blond très pâle avec des îlots cendrés tirant sur le châtain qui accentue l'aspect « blés coupés » de sa tignasse.

Un sourire étire ses yeux verts. On dirait un chat, cette fille. Un chat que j'aimerais bien poser sur le creux de mon coude.

— Eh oui, je suis blonde. Je ne porte une perruque que lorsque je m'amuse.

J'ignorais que l'on pouvait faire l'écureuil par jeu.

Sandra s'arrête au bord de la baignoire. Et, d'un coup, je plonge dans un monde de senteurs. Elle dégage une odeur, cette femme, l'odeur née du brassage des parfums d'un jardin en pleine floraison, qui viennent se dérouler là et se poser autour du bassin, comme si le soleil malaxait de la menthe et du miel avec une pointe de poivre... Mais qu'est-ce que j'ai, bon sang ?

— Attends, je vais te frotter le dos.

La serviette, bleue et blanche, s'abat sur mes épaules.

C'est alors que sa robe de chambre s'est entrebâillée sur sa cuisse. Vertige ! J'ai revu le camion, la jarretière noire, les cheveux cuivrés. Ma température fait un bond. J'essaie d'arrêter cette brûlure qui me dessèche la bouche. Ce n'est plus un écureuil que j'ai devant moi. Je ne suis pas un routier. Ce n'est pas la même femme. Et moi... suis-je le même garçon ?

Les yeux verts me sourient. Sandra me frotte toujours le dos.

— Je parie que tu es puceau !

— Oh, non, m'dame, pas moi.

Je m'en veux de parler comme un enfant. « M'dame ! » Pourquoi pas « m'man » ?

Le mouvement de la serviette se fait plus lent, plus doux. Et je réalise qu'il n'y a plus de serviette mais seulement une main qui glisse sur ma peau.

— Sors de là.

Je me retrouve au salon, un peu gêné d'être sans vêtements. La robe de chambre de Sandra ne bâille plus, elle est maintenant grande ouverte.

Elle me tend la serviette.

— À toi de me sécher, maintenant.

Bizarre, elle ne sort pas du bain que je sache. J'ai de plus en plus chaud.

— J'ai froid, viens contre moi.

J'obéis. Que faire d'autre ?

Maman ! Qu'il fait chaud !

Il y a des nuits que l'on oublie jamais et des week-ends qui durent l'éternité.

Lundi.

Adieux glacés.

Terminé le rêve, fini la tendre Sandra. J'ai devant moi une fille inconnue, une femme distante qui achève de se maquiller dans la salle de bains.

— Je vais te conduire à Besançon et te payer le voyage jusqu'en Savoie. Tu es prêt ?

Je me sens très triste dans la voiture. Je pose ma main sur sa cuisse.

— Ah, ça ! mais pour qui te prends-tu ?

Sèchement, elle retire mes doigts. Je ne comprends plus rien.

À la gare, elle sort de son sac un billet de 500 francs et me le tend.

Pas question, pour moi, d'accepter de l'argent.

— Non, je suis assez grand pour continuer ma route tout seul.

Je m'empare de sa main et y pose un baiser.

— Merci.

Une seconde, une seconde seulement, son regard s'adoucit et me dévisage avec tendresse. Rideau. La glace se reforme.

— Bon vent !

L'embrayage malmené crie. La Renault bondit, s'arrête, revient en arrière, s'immobilise à ma hauteur.

— Une dernière chose... Si jamais, un jour, tu rencontres une autre femme, essaie au moins de te souvenir de son prénom.

Décidément, je ne comprends plus rien.

— Quoi ? Qu'est-ce que j'ai fait ?

Je suis effondré, je ne pense qu'à ses jambes longues, longues... et elle, elle me parle d'état civil. C'est incohérent, brumeux. Je vis un cauchemar tandis que je deviens minuscule sous son regard qui s'éternise sur moi.

— Mais... qu'est-ce que j'ai fait ?

— C'est Sandra, mon prénom, Sandra, entends-tu ? Adieu, petit con !

Cette fois, les vitesses ne grincent pas.

Et patatras, tout revient ! Je me souviens de ce que je lui ai demandé hier soir.

— Dis, A.Q.P., tu ne veux pas mettre tes jarretières noires ?

Un ciel vert, son regard ! Un ciel encore jamais vu de beauté, de paix. Et, d'un seul coup, le flash qui bousille tout, l'éclair qui illumine un chaos. Les yeux mi-clos, elle me dévisageait. J'ai retrouvé le même éclair qu'elle a eu dans le camion lorsque j'ai essayé de m'éjecter de la couchette. Elle avait peur. Encore une fois, elle m'a pris pour un fantôme, pour un Dracula de pacotille ou de chair, va savoir.

Hier soir, on n'a pas fait l'amour. Et je suis triste.

Je traîne sur la route. Peu de voitures, ce matin.

Un barrage douanier arrête les camions. Je ne tiens pas à me faire prendre en état de vagabondage et je fonce dans un sous-bois, ma cachette favorite.

Une heure, deux. Les gabelous vérifient tout ce qui roule. Depuis Schengen, c'est après la frontière que les contrôles se font.

Moi, planqué, j'attends. Je marche sous les arbres et déniche un hangar ouvert où stationne un tracteur. Personne à l'horizon. Je grimpe dans la cabine et joue avec le volant de la machine. Je me balance sur le siège de métal et imite le vroum-vroum du moteur. Un gamin en action.

Je m'arrête, saute du véhicule. Stop ! Je ne suis plus un gosse. J'ai fait l'amour avec une femme. Une vraie. Qu'est-ce qu'elle dira, Caro, lorsque je lui raconterai ? Peut-être qu'enfin elle voudra aussi ? Est-ce que ce sera pareil qu'avec Sandra ? Je ne sais pas si on peut comparer ces choses-là. Je suis trop jeune. Non, je crois que je ne dirai rien à Caro. Une main se glisse le long de mon cœur, serre. Salut, mélancolie. Adiou, Sandra.

7

Franz

Crépuscule. Gino m'embarque dans une Fiat qui, vu sa constellation de bosses, a certainement participé au passage de la Berezina. Direction Rijeka.

À droite de la route, un reflet de soleil agonisant sur du métal attire mon attention. Une Peugeot noire stationne sous l'auvent naturel formé par des pins parasols.

À ma demande, Gino s'arrête. Suivi par l'hôtelier, je cours vers la voiture et, de loin, je réalise que quelque chose ne va pas : les portières déployées bâillent sur un véhicule déserté.

C'est bien la 205 que j'ai repérée à deux reprises sur mon chemin.

Je tourne autour de la Peugeot. Le coffre, béant lui aussi, ne contient qu'une caisse à outils vidée de son contenu.

À l'avant, rien, sinon une odeur fade qui imprègne les sièges maculés de brun. Un parfum que je connais bien, souvent reniflé dans les abattoirs où je chargeais de la viande : l'odeur du raisiné.

Mon index, prudent, glisse vers la flaque qui

macule la colonne de direction et revient, taché de rouge sombre. C'est bien du sang.

Muet, Gino me regarde, comprend. Revolver en main, il tourne autour de la voiture abandonnée, se penche vers le sol et part, à demi courbé, vers les arbres proches. Il s'arrête à l'orée du bois et, de la main, me fait signe de le rejoindre.

Sans un mot, l'Italien me désigne un corps adossé à un talus. Pas d'erreur, il s'agit bien d'un des types qui me suivaient ou, simple coïncidence, faisaient route avec moi. Elle a bon dos, la coïncidence ! Du pied, je retourne le cadavre. Un trou rond dans la nuque me donne la solution du problème : c'est une exécution.

Gino fouine comme un chien de chasse et découvre le second passager de la voiture, affalé un peu plus loin. L'hôtelier se penche en avant, se dresse, vomit.

Une main sur la bouche, secoué de hoquets, l'Italien revient vers moi.

— Par la Madone, ce n'est pas beau à voir ! On lui a coupé une jambe.

À mon tour d'être de corvée. Je n'ai jamais vu une chose pareille. L'homme a écopé d'une balle dans la hanche et d'une autre en plein cœur.

Les points d'impact sont là, irréfutables. Jusque-là, c'est banal. Mais je comprends la réaction de Gino devant le spectacle du mort. Le tissu effrangé du pantalon coupé en deux forme un linceul ouvert qui exhibe une plaie sanguinolente à hauteur du bassin.

On lui a littéralement arraché la cuisse et la jambe, à mon suiveur.

Aidé de Gino, je fouille le cadavre. Quelqu'un a déjà fait le même travail avant nous. Pas trace de portefeuille, de clés, ni d'aucun des objets dont se sert un humain en état de marche. Je me dis qu'il faudra penser à fouiller aussi le compagnon du macchabée.

Affalé contre un arbre, je cherche mes cigarettes et ne trouve qu'un paquet vide. Gino allume deux Marlboro et m'en passe une.

Quelle malédiction s'est abattue sur mon voyage ? Le camion envolé, mes pisteurs abattus ne présagent rien de bon. Si j'étais un Romain de l'Antiquité, je serais rentré chez moi, comme disait Féline en se moquant de ma superstition de routier. Avec la question du « pourquoi » se pose celle du « QUI ». Caïn tuera-t-il Abel ? Vous le saurez dans notre prochain épisode. Mais je n'écris pas une aventure biblique, je ne suis qu'un trafiquant de viande humaine en plein désarroi sur le bord d'une route dans un pays pas facile à vivre.

La nuit se fait plus dense. Mon seul repère vient de la lueur des rares voitures, en course sur la route, à trois cents mètres en contrebas.

L'Italien se lève, tendu. On dirait une bête aux aguets, et il me fait signe de me taire en collant un doigt sur ses lèvres. Du menton, il me désigne un halo rougeâtre en mouvement sous les arbres, à droite. Des torches ? Non, la lumière n'est pas stable et tremble comme s'il s'agissait d'une flamme nue.

Silencieux, je marche vers la clarté diffuse qui m'appelle comme une balise dans un océan sans nom. Près de moi, Gino, arme au poing, avance sur la pointe des pieds.

Une clairière. Un feu, au centre. Et, autour du brasier, une quinzaine de mes clients kurdes. Les autres ont dû filer. Au diable, je présume.

Ils sont là, toujours aussi effilés, silhouettes sombres en contre-jour sur les flammes. Ils sont là, inquiétants comme la misère, et attendent que l'un d'eux leur passe une tranche de la pièce de viande qui rôtit entre deux pierres.

À les voir assis, on dirait une troupe de scouts autour d'un feu de camp. Je m'attends presque à les entendre chanter en chœur. Mais personne ne parle ou fait un geste inutile. Simplement, les hommes mangent.

Gino sort de l'ombre et pointe son revolver sur le groupe.

Un des Kurdes s'empare de quelque chose qui traîne à terre et, d'un bond, fonce vers le couvert des arbres.

Une lueur rouge. Une détonation. Le visage du fuyard ripe sur un lit d'aiguilles de pin.

— Va voir, Franz, je surveille les autres.

Mon client a pris la balle à la base du cou. Le gars ne campera plus dans les bois dalmates. Jamais. Je ramasse l'objet abandonné par le fuyard, un bout de chiffon que je ramène vers la lumière. C'est un drap gris, poisseux, que je tiens en main, le bas du pantalon de l'homme à la jambe coupée.

En hurlant, je balance au visage de Kim l'étamine pleine de sang.

— Qui a fait ça ?

Un fantôme se dresse dans le clair-obscur du sous-bois et projette une ombre géante sur les reflets du feu.

— Je ne sais pas, on a trouvé la voiture vide et les hommes morts.

— Qui a coupé la jambe du cadavre ? Pourquoi avez-vous fait une chose pareille ?

Kim secoue la tête mais ne répond pas.

Un Kurde se lève, s'adresse à mon interprète. Traduction simultanée. On se croirait à l'ONU, dans un débat sur les droits de l'homme.

— Celui qui est parti.

Du doigt, il désigne le Kurde abattu par Gino.

Cause toujours, ce n'est pas le mort qui démentira.

— Mais pourquoi lui a-t-il coupé la jambe ?

On n'entend plus que le bruissement des feuilles dans les arbres, le craquement du bois enflammé et la respiration rapide de mes clandestins.

Gino braque le revolver sur la tempe de Kim.

— Assez joué ! Pourquoi lui avez-vous coupé la jambe ?

Kim hésite. Son acolyte, debout près de lui, chuchote.

La réponse arrive d'un coup, en pleine gueule, comme un poing non ganté qui s'écraserait sur mon nez, un poing surgi de la nuit et balancé par un adversaire invisible. La surprise intégrale.

— Pour manger.

Je marque un temps, assommé, et je m'entends hurler. J'ai vu beaucoup de choses dans la vie, oui beaucoup, mais pas ça. Jamais.

Mon hurlement monte dans la nuit.

— Non ! Ce n'est pas vrai !

Coup de coude de Gino. Il me désigne une chaussure posée à l'écart, s'empare d'une branche de pin, se penche vers le feu, remue les braises. Et, très lentement, comme une image de synthèse sur un écran, des ossements apparaissent.

Dans ma lointaine jeunesse, j'ai été secouriste. D'un jet, les souvenirs accourent, les mots affluent sans effort, l'apprentissage des gestes qui sauvent et le cours d'anatomie humaine qui suivait. Tout se concrétise, là, sous mes yeux, dans un bouquet d'osselets sur un tas de braises : calcanéum, astragale, cuboïde.

Fils de chiens ! Mais c'est un pied humain qui achève de se consumer sur son lit de pierres. Une seconde... cent ans... va savoir... je disjoncte. J'arrache la branche à demi consumée des mains de Gino et je fouette le visage de Kim et de son compagnon. Un Kurde quitte le cercle, fonce sur moi avec une lame ouverte. Gino tire. L'autre s'abat. Le visage, dans les flammes, trace une ombre rouge.

De nouveau, le revolver tonne. En l'air, cette fois.

— Si quelqu'un bouge, je l'abats. Je vous abattrai tous, tas de chiens enragés, hurle Gino.

Pas besoin d'interprète. Ils ont tous compris.

— Qu'est-ce qu'on fait ? me demande l'Italien.

— Essaie de savoir s'ils ont vu quelque chose. Ils ne sont sûrement pas les meurtriers. Eux règlent ce genre d'embrouilles à l'arme blanche, pas avec des revolvers format bazooka. Ceux qui ont tué les hommes de la 205, sont une menace certaine pour nous aussi. Les deux dessoudés me suivaient depuis Istanbul. Nous sommes mêlés à quelque chose que nous ignorons et qui nous dépasse.

Je repose des questions, et Kim m'explique qu'il ne sait rien d'autre. Affamés, ils se sont rabattus sur les cadavres et se sont servis.

Gino m'interroge du regard.

— On va les laisser filer.

— Filer ! Tu n'y penses pas ! Mais ce sont des cannibales !

— Qu'est-ce que tu veux faire d'autre ? Les tuer ? Pas notre boulot. Appeler la Milice de Rijeka ? Les flics nous boucleront aussitôt. Les border dans un lit d'hôtel ? Non, qu'ils aillent se faire pendre ailleurs.

— Mais ce sont des anthropophages !

— Et alors... Nous sommes tous le cannibale de quelqu'un. Tu as déjà eu faim, toi, dans ta foutue vie ? Je vais voir ce que je peux encore en tirer et je les envoie se faire foutre ailleurs.

J'insiste. Kim m'explique qu'il ne sait rien de plus. Mais, à voix très basse, il me passe le scoop du jour. Il a vu, à la tombée du jour, mon camion à Lazio, au Dalmatie-Garage.

Gino, à l'écart, n'a rien entendu. Je demande à Kim de la boucler et de disparaître du bois avec ses compagnons. Oui, quelque chose me dit de garder l'information de Kim strictement pour moi. Gino n'en saura rien.

Les Kurdes enterrent leurs compagnons abattus par Gino et disparaissent sous les arbres.

Avec Gino, en flanc-garde, j'effectue un retour prudent vers la voiture. La fouille du premier cadavre ne donne rien. Il est aussi dépouillé que son compagnon mutilé.

Dans la nuit, la forêt embaume. À cent mètres, deux hommes pourrissent. Gino et moi, serrés dans la Fiat, roulons vers Rijeka.

Voici la ville, enfin. L'ancienne Fiume des Italiens étincelle de tous les feux jaillis de ses façades blanches. La guerre n'a pas entraîné de black-out. Thalassa ! La mer est là, j'entends son clapot comme un message de bienvenue et ça me détend.

Gino me largue au centre-ville. Nous avons convenu qu'en cas de pépin policier nous ne nous sommes jamais rencontrés. Pas vu, pas pris.

Aucun adieu. Un simple geste de salut et la voiture vire en direction du sud.

L'hôtel Italia dresse sa silhouette de tarte meringuée au bord de la plage.

Une douche, un verre pour me remettre et je téléphone à Féline. Pour rien, pour simplement entendre sa voix. Silence radio. Ce soir, le numéro demandé n'est pas en service. Je repense à Péji. Qu'est-ce qu'elle lui avait trouvé à Paul-Jacques pour l'épouser ?

À l'époque, je vivais avec elle et j'ai, peut-être, eu tort de lui poser la question.

— Péji ? Il avait des yeux de cocker, m'a-t-elle répondu.

Le lendemain, j'ai acheté dans un chenil une paire de cockers couleur de pain d'épice. Tout frétillant, je suis arrivé avec mon cadeau dans un panier d'osier.

Féline a regardé les chiots, levé les yeux sur moi. Nigaud, amoureux, j'attendais en souriant.

Elle a posé le panier, lui a flanqué un coup de pied. Je me souviens encore du grincement de l'osier sur le carrelage et de la plainte des deux bêtes malmenées.

— Tu ne sais pas que je hais les animaux, m'a-t-elle dit de sa voix de cuivre, ce son grave qui me file des frissons dans le dos.

Sans un mot, je suis parti. Elle ne m'a pas retenu.

Le lendemain, c'est moi qui suis venu faire amende honorable.

Peu après, un voisin m'a raconté qu'elle avait noyé les deux chiens dans le Doubs.

8

Paul-Jacques dit Péji

Je dépote à Besançon.

Mon frigo délesté de ses palettes, je fonce vers le garage de Christian, Chris pour les intimes, le copain de tous les coups durs.

Ce n'est pas une image. Lors de notre première rencontre, Chris m'a proprement mis K.O. Dans un combat de boxe, amateur bien sûr. Je me défendais bien chez les welters, avec une allonge redoutable, jusqu'à ce que Chris m'ôte mes illusions de pseudo-champion.

Le hasard fit que nous nous retrouvâmes dans l'armée, Service national oblige. Là, nous, les pros du volant, pilotions les gros-culs de la Grande Muette comme si c'était des jouets géants. C'est dans le même groupe de transport que j'ai aussi rencontré Franz.

Un sacré mec, celui-là ! Avec son mètre quatre-vingt-dix, sa gueule à angles aigus couverte d'une tignasse blonde, il n'avait rien de rond dans le visage, Franz Speichers, mais son sourire effaçait toutes les aspérités. Un gars qui faisait de l'ombre lorsqu'on sortait en boîte, les soirs de quartier libre, tant les filles se ruaient sur lui comme des puces sur un chien en vadrouille.

Après la quille, j'ai repris le bout de bois chez Favier, en compagnie de Chris. Nous faisions équipe sur les parcours T.I.R.

Là-dessus, j'épouse Féline, que je fréquentais depuis six mois. De temps en temps, la nuit, encore aujourd'hui, reviennent dans mes cauchemars les mots du maire : « ... Consentez-vous à prendre pour épouse, mademoiselle Céline, Sandra, Jacqueline... » J'ai dit « oui », ravi, enchanté, englué dans le sort qu'elle m'avait jeté. Crétin ! En fait, j'avais tout pour être heureux, comme on dit dans les sit-com à la télé, un camion, une femme, un bon copain. L'équipe idéale pour faire sauter l'audimat. Jusqu'au jour où c'est dans ma tête que l'explosion s'est produite.

Je revenais d'Italie. Pause au Mont-Blanc avec l'ami Chris qui prenait le dernier relais. Un Iveco flambant neuf s'est arrêté là, au parking de la douane. Et Franz a déboulé. Embrassades, le pot de l'amitié, les confidences.

Après l'armée, il s'était lancé sur la route. Et, ma foi, au cerceau, il se défendait bien.

Lui demeurait à Altkirch, en Alsace. Moi, à Dijon, dans un pavillon que j'avais fait construire.

On s'est revus. Il est venu à la maison. Et, un beau jour... tu parles d'un beau jour... je termine deux heures plus tôt que d'habitude et je rentre chez moi.

Surprise du chef. Surprise de Féline et de Franz en pleine conférence diplomatique au lit.

Des mains et des plaintes, je ne voyais et n'entendais que ça. On se serait cru à une réunion du G7. Là, ils n'étaient que deux, ce qui fait toujours un de trop lorsqu'il s'agit d'un lit conjugal loué pour un moment. Re-surprise des amants devant mon fusil braqué, un calibre 12 à canons superposés. Sans Chris, qui m'accompagnait, ils finissaient en steaks tartares. C'est lui qui a évité le désastre final en déviant le canon vers le plafond lorsque j'ai pressé les détentes.

J'aurais dû me méfier lorsque Franz pouffait de rire en parlant du mariage.

— Tu comprends, ça se passe à deux à la maison et tu ne peux pas en sortir en passant d'une chaîne à l'autre comme à la télé. T'es dans la nasse, mon gars, attaché au pied du lit, avec le même menu chaque soir. Moi, je suis un homme libre et j'aime zapper d'une fesse à l'autre. Ma vie, c'est mon bahut, la route et les femmes. Et pas de racisme, même celles des autres.

Féline a fait partie du lot. Et, moi, j'ai empoché le tremblement de terre. La maison vendue, le divorce prononcé, Céline partit vivre avec ce fils de pute. Même pas un fait divers, même pas de quoi ouvrir les infos à la télé : « Un routier cocu fusille sa femme et son amant », histoire de chaque instant. Je m'en remettrai. Un jour, peut-être...

Je suis retourné chez moi, dans la vallée de la Loue. Le plus beau pays de Franche-Comté, et Dieu sait qu'il en compte beaucoup. La maison de mes parents, décédés, était à « saisir » chez le notaire. Je l'ai retirée de la vente, m'y suis installé, ai laissé les volets fermés. Y'avait plus de lumière dans ma baraque. Et j'ai commencé à déconner.

Garage Duc. Du monde. Ça tourne rond dans la maison.

On s'installe au comptoir du troquet qui jouxte la station-service. Chris s'offre un verre de vin jaune et moi, un café. Fini l'alcool depuis le jour où j'ai bousillé volontairement une cargaison.

Ça faisait deux mois que Féline était partie...

Je pilotais un Saviem avec une belle-mère bourrée d'un chargement de champagne.

Une journée de fin novembre, grise et humide. La route brillait et, sur le bitume, les phares allumés jaillissaient des plaques de brume comme des feux de Bengale jaune ou blanc.

J'émergeais d'un long week-end de cuite et je haïssais le marteau qui cognait dans mes tempes à petites tapes bien rythmées. Féline... Salope ! Dans mon crâne, le maillet continuait son festival de boogie. La chaleur me montait au visage, desséchait ma bouche. La soif me brûlait la gorge. Il fallait que j'enlève la poussière qui bouchait mes bronches, il me fallait de l'air. Rien de tel qu'un coup de vin d'Arbois pour lessiver tout ça. J'ai bu au goulot et calé la bouteille entamée dans la poche de portière. Je roulais. Je buvais. Vogue le navire, vogue épave humaine !

Oui, c'était la grisaille de novembre. Cette

affreuse période de l'année qui précède l'hiver. T'étonne, après, que l'on commémore les trépassés ce mois-là. Elle était morte, Féline. Morte et pas enterrée. Morte et en vie, en train de se faire sauter par ce... alors que je crevais là, enfermé dans le piège, avec les éclairs des projecteurs mal réglés que ces abrutis du volant m'envoyaient dans les yeux.

Un parking sur la droite... Personne. Pas de touristes en cette saison en train de pique-niquer, et les pros du bout de bois se hâtaient de livrer pour aller se mettre au chaud.

J'ai débouclé le camion, étalé une partie de la cargaison. Champagne ! Vin de rêve, vin de fête ! Aujourd'hui, c'était la mienne, la Saint-Con. Depuis des semaines, je l'arrosais tous les jours.

À l'abri derrière le bahut, invisible de la route, j'alignais douze bouteilles à col doré.

Le barillet de mon revolver était plein comme un œuf. Je n'avais pas de port d'arme mais je m'en moquais. J'en ai toujours eu une, planquée dans mon piège. Ça existe les pirates sur la route.

L'index plié sur la détente, ça tonnait, ça fumait ; ça explosait aussi. Un à un, les flacons partaient en poussière dans un jet de vin blond. Poussière et champagne ! Une fusée de lumière dans le gris du parking. Le barillet rechargé, c'est reparti pour un tour.

J'ai grillé cinquante cartouches, mêlé le contenu de cinquante bouteilles aux flaques de pluie qui brillaient sur l'asphalte.

Là encore, Chris a joué à l'ange gardien.

Depuis longtemps, je ne crois plus aux anges mais je crois aux gardiens. Nous vivons le siècle des gardiens de la paix, l'ère des goals, des concierges, des vigiles de l'ordre, moral ou pas, des geôliers, des camps. Paraît qu'il y a même un gardien de la Constitution et un garde des sots. À chacun son C.R.S. et les vaches seront bien gardées. Vive la pénitentiaire. Je crois que j'ai bu. À moins que je ne devienne complètement taré.

Bon, Chris jouait aux anges. Pas par hasard. Sa journée terminée, il s'était rendu compte que je ne tournais pas rond. Il est fou, Chris, j'étais aussi rond qu'une queue de pelle et je ne tournais pas. Ch'uis pas un derviche, moi. N'empêche qu'il m'avait suivi.

Sa voiture garée près du camion, il a marché sur moi. Mon arme levée crachait du rouge, de la fumée et du bruit. Je me souviens encore du nuage de poussière qui fusa à trente centimètres du pied droit de mon copain.

— Encore un pas et je t'aligne avec les bouteilles.

Immobile, il regardait. Je me suis emparé d'un des flacons au col brisé et l'ai porté à la bouche. Mes lèvres se rappelleront toujours du goût du champagne métissé de sang. Bitter-sweet, comme disent les Ricains.

Un pas. Deux. Chris marchait et avançait sur moi.

— Ça suffit, Péji, pose ton arme. Tu gâches tes munitions.

Le canon relevé visait sa poitrine. Lui se rapprochait.

— Te mêle pas de ça. Ce sont mes balles que je grille.

— Oui, et c'est toi qu'on va boucler pour un long moment si les Q.R.M. rappliquent. Ce qui ne saurait tarder.

— Chris, je t'aime bien... mais va te faire foutre.

— J'irai quand ça me plaira ; pas sur ton ordre. Donne-moi ce pistolet.

— Ce n'est pas un pistolet, c'est un revolver. Tu ne connais pas encore la différence avec tous les polars qui passent à la télé ?

Chris avançait...

Nouveau tir. Il ne s'arrêtait pas, ce con, et continuait sa marche.

J'ai prié mentalement, supplié : « Arrête, connard, arrête-toi ! »

L'autre avançait toujours.

— Stop, Chris, stop ! Ou je vais commettre un génocide.

— Tu manies mieux le revolver que le vocabulaire. Donne-moi cette arme ou tu vas prendre la plus belle peignée de ta vie. Tu te souviens de Pontarlier ?

Comment ne pas m'en souvenir... C'est là qu'il m'a mis K.O.

Éclat de rire. Grande erreur, j'ai baissé ma garde. Ce salaud en profita et, d'un coup sec sur mon avant-bras, fit sauter l'arme à trois pas.

Et maintenant, poings en avancée, il me narguait. Je savais qu'il me battrait mais je n'avais pas peur. Nous sommes restés en garde, dix secondes ? Dix ans ? Il a baissé les bras, a ramassé le revolver et l'a fourré dans sa poche.

— Viens m'aider à remettre les caisses en place.

Deux jours après, mon patron me virait. Les routes sont désertes, parfois, mais tout se sait. Il y a toujours une paire d'yeux qui traîne sur le bitume. De plus, cinquante bouteilles de champagne qui disparaissent une veille de fête, ça fait pas net.

Cuite. A.N.P.E. Dérive.

Des journées-nuits à l'intérieur de la tête. Le chrono qui se délite en idées noires noyées aussitôt dans l'alcool.

Dérive, cuite, A.N.P.E. Heures sans désir, minutes ternes. Temps sans tain, sans reflet d'aucune sorte.

Des semaines d'errance sans sortir de chez moi, derrière les volets éternellement clos, somnambule en marche au bord d'un gouffre. Et l'envie folle de faire un pas en avant.

C'est encore Chris qui... Mais ras-le-bol des anges !

Le comptoir du troquet.

On reprend un pot.

— Ce n'est pas tout, mais il faut que j'y aille. Si tu es libre, viens passer le week-end à la maison. Je t'organise une pêche à la truite dans un coin que tu ne connais pas, du côté de Mouthe. D'accord ?

C'est O.K. Duc s'éloigne, revient.

— Autre chose, fais gaffe, on signale des pirates dans le secteur. Hier, un bahut italien s'est perdu corps et biens dans la nature. Un chargement de magnétoscopes. Ciao !

Je reprends le volant. Direction : la maison.

Ça m'a fait du bien de revoir le garagiste. Pour la première fois depuis longtemps, je me surprends à fredonner.

Je branche la C.B. La route jacasse tous azimuts. J'écoute, mais je n'interviens pas.

Le bitume est cool. J'appuie sur la chanterelle.

9

Franz

Dix heures pile, Turzim se pointe. Pas vraiment affable, pas franchement mauvais. L'air sec et doucereux des mecs de la région. Il a tout d'une cacahouète dans un verre d'huile d'olive, mon boss turc.

Au bar de l'hôtel, je déniche une table à l'écart. Nous pourrons parler tranquille. Et en public, je ne risque rien.

— Raconte.

J'escamote l'épisode de la 205 et débite mon histoire.

— Pas de problème, tu me dois 15 000 dollars.

Un instant, je me demande si le Turc a perdu la boule.

— C'est la somme que je t'ai versée. C'est toi, Franz, le responsable de la casse. On ne laisse pas le matériel seul et la marchandise à l'abandon. Mais, à vrai dire, les Kurdes ne sont pas le plus important. Ce que je veux, c'est le camion.

Le pot au noir. Je pédale dans la semoule. Je ne comprends plus rien.

— Oh, où tu vas ? C'est MON camion !

— Exact, mais c'est ma cargaison.

— Quelle cargaison ? C'est toi qui m'as demandé, au téléphone, de les larguer immédiatement, ces maudits Kurdes.

Turzim lève un sourcil et me dévisage comme si j'étais un nourrisson débile.

— Tu ne comprends pas ou tu le fais exprès ?

Silence radio. J'attends la suite.

— Tu crois vraiment que je vis du trafic de chair humaine ? Mais, mon pote, c'est du boulot de gagne-petit, tout juste bon pour Cosa Nostra ou les Napolitains de la Camorra ! Lis les journaux et tu verras que « la mafia prélève un droit de passage, en Italie, d'environ 2 500 francs par tête de clandestin ». Du mégotage si tu veux mon avis. Où est le camion ?

Je me sens très las d'un coup, très fatigué. C'est mon quatrième voyage à Istanbul et je réalise soudain que mes passagers ne servent que de paravent. Devinette : « Qui est la reine des pommes dans cette histoire ? » Réponse : « Regarde-toi dans une glace. »

— Qu'est-ce que c'est que ce trafic ? Qu'est-ce que j'ai transporté ?

— Pas ton problème. Disons que je ne suis qu'un intermédiaire habile dans des affaires qui te dépassent. Tu fais le driver, point final.

— Tu t'es servi de moi durant mes précédents voyages ?

— Pas exactement. C'est la première véritable affaire à laquelle tu participes. Je n'avais fait que te tester, pour voir si on pouvait aller plus loin avec toi.

— Et si la renifle, la douane, s'en était mêlée et avait alpagué les gus ?

— Dans ce cas, les gabelous embarquaient tes gars, les gardaient sous clé quelques jours et les renvoyaient au pays voisin. C'est pas des hommes, les émigrants, tout juste des balles de ping-pong. Un coup à gauche, un à droite, ils rebondissent toujours. Ce n'est pas pour eux que je me tracasse, y a pas de bureaux de réclamation pour les migrants égarés sur la route, pas d'assurance pour bagages perdus. Ce n'est pas pour eux que je m'en fais. Y'a assez de points de chute et de caps possibles sur la rose des vents pour que ça me fasse quelque chose.

— Et le camion, dans ce cas, que devenait-il ?

— Je l'aurais récupéré d'une façon ou d'une autre. Où est-il, ce bahut ?

— Je ne sais pas.

— Je ne te crois pas. Tu es trop malin pour ne pas avoir pigé tout seul. Donc, tu simules un vol du mille-pattes, tu largues tes gars et tu t'apprêtes à empocher la mise. Tu penses bien que j'ai envisagé ça avant ton départ. C'est si évident que je t'ai fait suivre par deux de mes hommes.

La 205 ! J'aurais dû m'en douter...

— Tes hommes ? Ils ne naviguaient pas dans une 205 noire, immatriculée à Izmir ?

Cette fois, Airbag marque le coup.

— Tu les as vus ?

— Ils étaient aussi visibles que le mont Blanc s'il s'était trouvé en Beauce.

— Sais-tu où ils sont ?

— Ils sont morts.

Sans un mot, il avale son café, se brûle, jure.

— Morts ? Comment ? Où ?

— Par balle, près de l'hôtel de Gino, dans une combe sur la route de Lazio.

À mon tour de déguster mon café.

— Tu les as tués ?

— Pour quelle raison ?

Je ne lui cache rien, sauf l'essentiel, la confidence de Kim sur le camion planqué dans un garage.

— C'est Gino qui a fait le coup ?

— Non, il ne m'a pas quitté.

Yeux mi-clos, il me regarde. C'est tout juste si je n'entends pas ses neurones cliqueter dans sa boîte crânienne. Il se lève.

— On y va.

— Où ?

— Voir les corps et l'endroit où ils se sont faits avoir.

— Tu y vas seul.

— Et pourquoi, je te prie ?

— Ce sont tes gars, pas les miens. De plus, crois-tu que la Milice ne les a pas déjà repérés ? Avec ça, les Kurdes traînent dans le coin, et je te jure qu'ils ne m'ont pas à la bonne.

— Normal, ce sont des connaisseurs.

Je saisis Turzim par le col de sa veste. Il ne bronche pas, attend.

— Encore une vanne, encore une insulte, et je t'ouvre la tête. Si tu cherchais un pigeon, tu es mal tombé. On se quitte ici, Turzim. Tu enquêtes, tu enterres tes gars ou tu vas te faire aimer, c'est ton bizness. Moi, je rentre à la maison, en France, mais je dépose plainte d'abord.

— Fais ça et tu es mort.

— Où est le problème ? Je ramenais en France une cargaison de peaux à délainer. On m'a volé mon bahut, je préviens les flics.

— Décidément, tu ne comprends rien. Je ne suis pas seul dans le coup, c'est trop gros et il y a des gens qui ont le bras long dans cette histoire, des pas tendres, si tu vois ce que je veux dire.

— Très bien, je renonce à voir la police et c'est toi qui me rembourses le camion. O.K. ?

— Regarde ce que je vais te rembourser.

Ses doigts sont fermés sur un P. 38, un joujou au canon bleuté qui émerge de sa veste entrebâillée.

— Reste à mes côtés et pas de mouvements brusques, je te prie. Paye les cafés avant de partir. Je ne voudrais pas être interpellé pour grivèlerie.

Nous sortons de l'hôtel Italia. Cinq minutes de marche dans un entrelacs de ruelles et nous déboulons devant le port.

D'un geste, il m'indique un hangar. Je passe devant une pile de conteneurs et pénètre dans un entrepôt par une porte de fer.

Un groupe d'hommes s'affaire près d'un caisson ouvert et le vide de son contenu. Je vois passer des caisses de bois marquées de caractères arabes. Une inscription en lettres latines *Iskenderun* indique la destination de la cargaison, l'ancienne Alexandrette dans le sud de la Turquie.

Turzim sourit.

— Tu vois, j'aime faire plaisir à tout le monde. Ces colis-là, vont empoisonner l'existence de mes amis de Bagdad lorsque les Kurdes en prendront possession. Et ces cartons, là-bas, rendront la vie impossible aux Kurdes lorsqu'ils débarqueront en Irak. C'est le nec plus ultra pour s'entre-tuer entre peuples de bonne compagnie qui se haïssent. Aimez-vous les uns les autres, tuez-vous les uns les autres... Quelle importance. Il n'y a rien de tel que le nationalisme borné pour emmerder la terre entière et faire vivre les petites gens de mon espèce. Là-dedans, je ne suis qu'un honnête courtier, un ambassadeur, si tu préfères.

C'est vrai qu'il a tout du diplomate, Turzim. Je le vois très bien à l'ONU, au restaurant, demander la liste des membres à la place du menu. Cannibalisme first ! De plus, il est bien capable de leur fourguer, en même temps, 100 000 cadavres, un camion de papier hygiénique, et de demander à ses chers collègues : « Je vous les enveloppe ou c'est pour manger de suite ? »

Un gus, coiffé d'une casquette de marin, se précipite vers le Turc et le serre dans ses bras.

— Quelle surprise, pacha, qu'est-ce que je peux faire pour toi ?

— J'ai besoin d'un coin tranquille, Takis.

De la main, l'autre indique une porte au fond du hangar.

— Tu es chez toi.

Je suis poussé dans une pièce sans fenêtres. Tout devient noir.

J'ignore ce qui s'est passé.

Je suis allongé sur le sol, et mon poignet droit, menotté à un pied de table, me fait mal.

Une douleur en cascade se manifeste dans ma nuque. Un violent coup de pied atterrit dans mes côtes. Il fait nuit de nouveau.

J'ouvre les yeux dans la pénombre. Une lampe, sous verre, envoie vers moi une lumière triste. Je suis seul. J'appelle. Personne.

Ça m'apprendra à changer de métier. C'est bien le moment de méditer, fallait y penser avant, connard ! J'étais routier, propriétaire d'un mille-pattes de 30 tonnes sur lequel je n'avais plus que quinze traites à payer. Je gagnais ma vie, respecté de mes voisins, adoré de mes femmes, poursuivi par mes créanciers et le fisc, lorsque j'ai fait la connaissance de Féline. Et pour cette fille, j'ai tout largué. Tout. Même mes amis, surtout mes amis, mes vieux potes de l'armée, Chris Duc et Péji le Cornard. Mais il l'a bien cherché ce...

Et pour faire quoi ? Me lancer dans des transports pas toujours blanc-bleu.

La route... Je connais, et je sais que les marchandises illicites voyagent autant que les autres. Questions : Pourquoi transporter des veaux quand on peut emmener des hommes ? Je sais... Il y a des bus et des cars pour ça, mais ceux que je convoyais payaient beaucoup plus cher pour voyager sans billet et sans visa.

Pourquoi transbahuter des charrues lorsqu'on peut balader des mitrailleuses ?

Quelle différence, pour le camion j'entends, entre des sacs de farine et de l'extrait de fleur de pavot ? Et livrer des paquets de haschisch n'est-il pas d'un meilleur rendement que d'amener à destination des bottes de foin ? Et pour faire quoi ? Nourrir des vaches folles. J'vous demande un peu.

La clé de la réussite est là. Chercher le meilleur rapport qualité/prix. C'est la règle d'or enseignée dans toutes les bonnes écoles de commerce. Et j'ai eu la chance de ne pas faire d'études car j'ai compris ça tout seul.

Je voulais du fric, vite et bien fait. Ou mal fait, quelle importance. Voilà la réponse, docteur Freud ! Pour Féline. Je sens un frisson à la base du cou lorsque je me souviens de son visage, de son allure et du reste. D'ailleurs pas spécialement une bonne fille, Féline, non, je ne dirais pas ça.

Mais je donnerais cher pour qu'elle soit là. La lumière se fait plus vive. Adieu, Féline. Je cligne des yeux, ébloui.

Turzim est de retour. Son marin détache le lien qui m'unit à la table, pour le meilleur et sans doute pour le pire. Allons, cool, tu ne vas pas te marier aujourd'hui, Franz.

— Tu vas nous montrer l'endroit où tu as trouvé les corps.

Quelques mouvements de gym rétablissent la circulation dans mes membres ankylosés.

Une Golf verte attend devant le hangar. Le capitaine est au volant.

— Où va-t-on ?

— Route de Lazio, je vous montrerai.

Démarrage sur les chapeaux de roue. Direction sud.

La voiture s'arrête près du petit bois. J'ouvre la marche et m'arrête, étonné. J'ignorais que les cadavres se reproduisaient. Un troisième corps est là. Ficelé contre un tronc, il présente un torse et un ventre nus. Son pantalon pend d'une manière parfaitement indécente sur ses chaussettes.

Encore deux mètres. Encadré de Turzim et du marin, je regarde ce corps éventré, vidé de ses tripes. À vingt pas, nullement effrayé, un renard se délecte en dévorant les entrailles sanguinolentes. Je ramasse une pierre, la lance vers la bête. Elle s'enfuit vers le bois, sans lâcher le paquet rouge encastré entre ses dents.

En bon orthodoxe, Takis se signe, se découvre. Moi, je ne bouge pas, fasciné par cet homme que j'ai connu. Car je connais ce corps déchiqueté. C'est celui de Gino, l'hôtelier.

10

Michel

Depuis deux jours, je tourne autour du hangar.

Impossible de trouver un stop. Les bahuts passent, en bolide. Quant aux pots de yaourt, ils ralentissent parfois, mais dès que je m'approche, avec ma gueule mal lavée et mes vêtements froissés, les braves gens appuient sur le champignon et se perdent dans le magma routier.

Je fais un brin de toilette sommaire dans un ruisseau. L'eau me renvoie l'image d'un inconnu, moi. Un gamin court sur pattes, aux yeux marron, à la chevelure claire, aux traits creusés par la fatigue et la tension de la route. Des traces de poussière coulent le long de mon nez un peu camard. J'ai plutôt l'air, les oreilles en moins, d'un lapin géant que d'un garçon en pleine croissance.

Un paysan sort le tracteur au petit matin et le ramène à la nuit. Je vois le vieux virer dans un champ et tracer des sillons bien rectilignes. Je suis sûr qu'il s'applique et tire même la langue, comme un gosse à l'école, en cours préparatoire.

Si je reste là, ce hangar deviendra ma résidence

principale, mon Trianon. J'y dors la nuit en grignotant quelques épis de maïs que j'ai dénichés, et pas question d'en perdre un grain. Je calme ma soif à une prise d'eau planquée dans un angle du bâtiment. J'ignore si elle est potable, mais quelle importance !

Il faut quand même que j'abandonne mon palais. Les vacances n'ont qu'un temps. Tant pis, je reprends ma marche à pied. Si les gendarmes me chopent, j'aurais droit à tout le bla-bla sur les fugueurs, futurs délinquants qui commencent tous comme ça et qui finissent par voler un œuf, un bœuf, voire une vache folle, relais obligé pour l'échafaud. Fugue, œuf, meuh, guillotine... J'en ai froid dans le cou ! Du calme, mec ! La peine de mort est abolie... On dit ça, on dit ça...

La route.

Elle arrive dans mon dos, me double, tortille du croupion et file jusqu'à l'horizon.

Un camion se pointe. Un superbe tracteur Renault avec une belle-mère blanche, un frigo. Un de ces engins réfrigérés, affecté au transport des denrées périssables. Le piège ralentit, s'arrête.

— Où vas-tu ?

— Et vous ?

Il rit. Voilà une gueule qui me plaît. Trente ans à tout casser, un visage en triangle bruni par le soleil et deux yeux marron, rigolards, sous une casquette de base-ball rouge. Son tee-shirt est de la même teinte, et un tatouage bleuté émerge sous la manche.

— Je livre à Dole. Si c'est ton chemin... monte !

Je m'appelle Paul-Jacques, Péji 39 pour les cibistes et Péji tout court pour les copains.

— Moi, c'est Michel. Bonjour, Péji-tout-court !

Le routier éclate d'un grand rire et me donne une tape amicale sur l'épaule.

Le camion ronronne et double un mastodonte à quatre essieux qui paresse dans une ligne droite.

Chouette, Péji aime le jazz, et sa radio donne envie de swinguer. Ça aussi, c'est le père qui m'y a initié. Qu'est-ce qu'il me manque, mon vieux !

Le bitume défile. Je m'intéresse aux lumières qui se balancent sur le tableau de bord.

— Tu aimes les camions ?

— Oh, oui ! Mon père était routier.

— Ah bon, il ne l'est plus ?

Mon silence l'intrigue.

— Où vas-tu ?

— En Savoie, à Combloux.

Oui, Combloux, et j'y arriverai coûte que coûte. Suzanne m'a dit que le psy que j'ai consulté avec elle s'opposait à mon projet.

— C'est trop frais, qu'il a dit. Faut que le travail du deuil se fasse.

Parfait, m'sieu le psy ! T'as raison ! Mais c'est mon père qui a disparu et c'est de son deuil, et du mien, qu'il s'agit. Je sais... T'as raison, m'sieu, le psy, il est mort à un mauvais moment, le vieux, sans préavis. Un môme de treize ans n'aime pas perdre son paternel. T'as fait combien d'années d'études pour découvrir ça, m'sieu le psy ? Tu crois, peut-être, qu'il y a un instant privilégié pour mourir ? Tu voulais sans doute qu'il te prévienne ? Ah, la prévention ! Vous n'avez que ça à la bouche. Eh bien, essaye donc de protéger les gamins contre la mort de leurs parents. On te filera le Nobel de la bienfaisance, si tu y arrives, m'sieu le psy, plus le prix de camaraderie à l'école. Je voterai pour toi. Ça cafouille dans ma tête mais c'est quand même arrivé juste lorsque je commençais à lui parler. Dommage ! Oui, treize ans, c'est un âge con mais, c'est comme tout, on en sort un jour. Pour moi, c'est fait, grâce à Sandra. Une femme, celle-là, comme maman. Non, Suzanne, c'était l'épouse de mon père, une femme oui, mais pas une vraie. Je l'appellerai dès que je le pourrai. Va falloir que je veille sur elle, y'a plus que moi, comme homme, à la maison.

Mon regard se fixe sur la route. Il est bien bavard, mon compagnon.

— Il travaillait pour qui, ton père ?

— Pour lui. C'était un indépendant, un artisan. Il avait un Saviem, assez ancien, mais il marchait bien.

Péji tripote son cerceau.

— Ça, c'est du bahut ! 450 CV, douze vitesses synchro ! Regarde.

Son pied pousse sur la chanterelle. Le camion rugit, bondit.

À l'entrée de Dole, un énorme supermarché boucle l'horizon.

— Je suis arrivé, petit. Je livre ici, au Planétarium. Salut, et bonne route.

— Merci, Péji. Ciao.

Le mille-pattes stoppe devant un môle de ciment.

Je m'éjecte et manque me prendre les pieds dans une laisse de cuir que tient un vigile habillé de gris. Au bout de la lanière, un berger allemand, muselé, ne me quitte pas des yeux. J'aime bien les animaux mais, là, je suis mal. Cet homme a l'air encore plus mauvais que son clebs. Et ce n'est pas peu dire.

Je cherche un camion. Le trafic est nul. Il est vrai que la journée est bien avancée.

Planétarium. Le palais de la bouffe ! Tout est là, étalé, crémeux, réfrigéré, juteux, les codes-barres en bandoulière, la date de fraîcheur affichée comme un appel au meurtre. Mon estomac explose.

Rayon fromages. Oui ! C'est pour manger sur place. Pas le temps d'attendre un emballage. Je tends la main, saisis un pot de crème fraîche. Impossible. Trop de monde autour de moi. Je le repose. Ma tête tourne. L'odeur, sans doute.

Je vire dans le palais de Dame Tartine, comme disait le père lorsqu'on faisait les courses le samedi matin et qu'il me laissait pousser le Caddie. Quelle corrida devant les étagères ! Boissons, fruits et légumes, charcuterie ! L'opulence. Le parfum d'un saucisson à l'ail m'empoigne la gorge.

Oh, mec, y'a pas de Caddie, le père est mort. Mes tripes hurlent.

C'est une salope, la faim. Elle attend, planquée, que tes forces diminuent et, hop, te prend l'estomac entre ses poings de fer. Une bagnole, sans essence, s'arrête. Pas un homme affamé. Lui continue, pendant un temps, sur ses réserves, mais la faim, elle, ne dort jamais. Elle tord, dévore, s'empare de tout son corps, devient son cerveau et ne pense plus qu'à une seule chose, une seule : bouffer, se goinfrer, broyer ces plaques de chocolat, s'étouffer avec le contenu de ces boîtes de biscuits, se bourrer la gueule jusqu'au fond de la gorge de ce pain, ce beurre, ces... Je salive.

Je tends la main, m'empare d'un paquet de petits-beurre, déchire l'emballage avec les dents. J'en croque un, deux, dix... J'attrape un pain d'épice, le glisse dans ma chemise. Va falloir sortir, maintenant.

Une des caissières se lève, se dirige vers le fond du magasin.

Indifférent, en apparence, j'avance vers une issue marquée : « Sortie sans achat. »

J'y suis. Enfin presque. Dehors brillent les tôles des centaines de voitures garées sur le parking.

Je passe. Un homme me barre le passage : le vigile gris et son berger roux.

— Viens avec moi.

— Pourquoi ?

Très légèrement, il desserre la laisse du chien. Le fauve se rapproche. Sans un mot, le garde enlève à demi la muselière de la bête.

— Ne fais pas d'histoires. Viens.

Flanqué de mon garde du corps, je traverse le marché. Au fond, une cage de verre sert de bureau à deux hommes. Près d'une table, une femme en blouse rose me désigne du doigt. C'est la vendeuse que j'ai vue passer il y a quelques minutes.

Sur le mur, face à la porte, un panneau indique en majuscules : DÉNONCER LES VOLEURS, C'EST DÉFENDRE INTELLIGEMMENT SON EMPLOI !

Il fait chaud dans ce bureau. Un des hommes, un brun à moustaches, s'adresse à la fille en blouse.

— Merci, mademoiselle Ginette, vous pouvez reprendre votre travail. La prime de 30 francs sera portée sur votre fiche de paye.

Je me dis, en les écoutant, qu'on a quand même une monnaie solide, inchangée depuis vingt siècles. Trente deniers d'autrefois, ça fait trente balles d'aujourd'hui. »

La fille s'éloigne, souriante, ravie de toucher son boni pour le « CHAPARDEUR REPÉRÉ ET SIGNALÉ ».

Quelle chaleur, dans cette cage. Je deviens moite. Qu'est-ce qu'on fait aux mômes qui fauchent ? Un jour, m'sieur Courchay, un prof, nous a parlé des bagnes d'enfants qui existaient dans le temps. Y m'a regardé d'un drôle d'air, le père Courchay, lorsque je lui ai demandé : « Pourquoi, y'en a plus, aujourd'hui ? »

J'me vois déjà, crâne rasé, fers aux pieds, cassant des cailloux sur la route de Tataouine ! Au secours, maman, au secours ! Mais les sons ne sortent pas de mes lèvres closes. Je n'ai pas honte, j'ai faim. Encore, toujours faim ! Merde !

Moustache-brune s'avance vers moi et me tient un discours sur les voleurs d'œufs, de biscuits, sur Cartouche, Mandrin et Dillinger. Sont cultivés, les patrons de supermarchés depuis que l'Europe se fait. Parle à ma tête, mec, mon estomac est vide.

— Quel est ton nom ? Où habites-tu ?

Tu parles que je vais te le dire.

Du doigt, le père La Mangeaille désigne le chien. Le garde recule d'un pas et retire la muselière du fauve. L'autre ouvre la gueule. C'est pas possible, c'est le clone de *Croc Blanc,* ce monstre.

Le garde me fouille, déniche le bloc de pain d'épice et l'emballage du paquet de petits-beurre que je n'ai pas pu faire disparaître.

Le moustachu me parle. Je n'entends plus rien. Je ne quitte pas le chien des yeux. Il n'y a plus rien qui compte d'autre sur la planète que moi et ces crocs pointus.

— Comment t'appelles-tu ? Où habites-tu ?

— Sidi-Bel-Abbès.

Ils se regardent, visiblement peinés.

— Manque de pot, faut qu'on tombe sur un Arabe.

Quelque chose de blanc s'agite devant moi. Un papier que me tend l'adjoint du moustachu.

— Tiens, signe là. Où habites-tu ?

— Vous me l'avez déjà demandé, à Pétaouchnock, Ukraine.

— Ça suffit ! Signe. Tu reconnais que tu as volé dans le magasin. On enverra ça à tes parents et on te laissera partir.

— Je n'ai pas volé, je voulais payer en sortant.

— Tu as ouvert le paquet avant de passer à la caisse et mangé la moitié des biscuits. Tu n'es qu'un sale petit voleur. En plus, tu as bousillé le code-barres. Signe ou j'appelle les gendarmes.

— Je ne signerai pas, je ne suis pas un voleur.

— T'es pas un peu menteur en plus d'être arabe ?

— Non, je suis kabyle, asiate et afro-bananas ! Et je vous emmerde !

Visiblement, ils sont perplexes. Faire face à un Asiate ne figurait pas dans leurs stages de formation. N'empêche que le mufle de la bête n'est plus qu'à dix centimètres de mes mollets. Ça fait mal, dis papa, un chien qui mord ?

Je n'ai pas réfléchi plus longtemps. Mon pied droit atterrit dans les cojones du directeur. C'est un mot espagnol pour dire les testi... les couilles, quoi ! Je saute par-dessus le fauve et fonce vers la porte.

Moustache gueule, comme si je lui avais arraché ses bijoux de famille. Je me faufile, émerge au grand air et cours vers le parking, dans l'immense tas de ferraille rutilant au soleil.

De loin, j'entrevois le vigile, le directeur et le fauve. Moustache avance en sautillant et ses deux mains sont croisées sur son entrejambe. N'aie pas peur, grand cadre, même si elles sont deux, elles ne se feront pas la paire.

Les hommes explorent la première rangée de voitures.

La sueur coule sur mon front, voile ma vue. Sûr, ça va être ma fête. Coups et blessures, comme ils disent à la télé. En plus d'un vol à l'étalage, Tataouine se profile à l'horizon.

Le chien des Baskerville, le museau au sol, avance, flaire et accentue en moi une panique qui devient irrépressible.

Je cours, fonce, bouscule deux ploucs en train de s'embrasser derrière un camion. Une longue file de bahuts stationne le long du quai de chargement. Deux hommes empilent des cartons blancs sur des palettes qu'ils poussent vers l'entrée de service du supermarché.

Plié en deux, comme dans les films lorsque les soldats attaquent, je glisse vers les mille-pattes. C'est ma seule chance d'échapper aux trois fauves en chasse derrière moi.

11

Paul-Jacques dit Péji

Le camion roule bon train mais consomme encore trop.

Je l'aime bien, mon frigo, avec ses lettres bleues sur la caisse blanche : *P.J. Florian — Transports.* C'est grâce à lui, et à Chris, que j'ai émergé de la galère. Et quelle galère...

Avec le chapeau que je portais, ça ne pouvait pas louper. Boulot ? Vous avez dit, boulot ? Avec Paul-Jacques au cerceau ? Quel nom, déjà ?... Florian ? L'homme qui a bu sa cargaison ? Je vois. Heureusement qu'il ne conduisait pas une citerne d'essence ou un piège de vidangeurs... Je le vois bien en cracheur de feu ou en mangeur de... Florian, hein ?

Et c'est encore Chris qui m'a dépanné en avalisant un prêt auprès d'une banque pour me permettre, enfin, de redevenir un homme libre.

J'adore livrer du froid, rencontrer les copains dans les entrepôts géants, là où les hypermarchés stockent leurs himalayas de bouffe. Un boulot propre.

Le trafic devient dense, et je me concentre plus

intensément sur la conduite. La figurine d'onyx et d'argent, accrochée au-dessus du pare-brise, se balance devant moi dans une danse hypnotique. Au prochain arrêt, je vais la décrocher et l'agrafer au dos du pare-soleil.

Une 405 me dépasse en klaxonnant. Encore un conducteur du dimanche qui craint lorsqu'il voit un camion. À son tour, une Clio se faufile, me rejoint, double et se rabat devant mon tracteur, au ras de mes chaussettes[1].

Sur la route, j'évite, autant que faire se peut, d'entrer en conflit avec un connard complexé. Suffit qu'un gars ait passé une mauvaise nuit avec sa gisquette pour que le lendemain, sur la route, il devienne un danger public. J'ignore les motivations du driver de la voiturette mais, maintenant, devant moi, la Clio fait du surplace. Je trouve un dégagement et gare le frigo. Le push-pull, aussi, s'est arrêté.

Pas content, je descends. À tout hasard, j'ai pris la courte tige de fer que je planque sous le tableau de bord. Ce n'est pas inutile, parfois, avec les truands de la route.

Deux hommes et un chien s'éjectent de la voiture. J'en connais un, c'est le vigile du Planétarium et son affreux toutou.

— Dites, les gars, ça va la tête ? Ça vous prend souvent de conduire comme ça ? Vous vous croyez

1. Pneus.

où ? Au Portugal ? Vous tenez à finir à l'hosto ou à la morgue ?

Je m'adresse à l'homme en uniforme gris.

— T'as déjà vu ce que devient un taxi comme le tien lorsqu'il passe sous un 38 tonnes ?

— Calmos, l'ami, calmos ! On voulait seulement te parler.

— Parler ? Vous me faites une queue de poisson, au risque de m'envoyer dans le décor, pour simplement parler ? Essaie par gestes, la prochaine fois, ce sera moins dangereux. Tu bloques un poids lourd avec un pot de yaourt pour simplement tailler une bavette ?...Vrai, dis, t'es con ou tu le fais exprès ?

Le second gus cesse de se masser l'entrejambe. Je m'demande si à son âge... Non, paraît que ça rend sourd, or il a parfaitement entendu.

— Je suis le directeur du Planétarium, et la route, je connais. Fallait vraiment qu'on te parle. Tu as un clandestin à bord. Un de mes gars l'a vu se planquer dans ton bahut pendant que tu déchargeais.

— Et alors... Ça vous donne le droit de me courser sur le ruban ? Et si j'ai un passager clandestin, c'est mon problème, pas le vôtre.

— C'est un voleur, il a piqué chez moi.

J'hésite un instant. Tige métallique levée, je fais demi-tour vers le tracteur, grimpe au volant.

C'est vrai. Il y a quelqu'un sur la couchette. Mais si ce gamin est un voleur de grand chemin, alors je me fais curé sur-le-champ. Et j'ai pas la vocation, j'aime trop les femmes pour penser à Dieu.

Je l'ai reconnu aussitôt. C'est l'enfant que j'ai

largué à Dole, Michel qu'il s'appelle, je crois, oui, c'est ça, Michel.

— Descends, petit.

Le gosse s'éjecte et prend appui contre une des roues du camion. Il a l'air minuscule, ainsi, avec ses cheveux gris de poussière en broussaille sur une gueule ronde, labourée de coulées de crasse. Il a quoi... treize ans, quinze, peut-être ? En tout cas, ce n'est pas le capitaine Crochet, ni Superman et je le vois mal faire un hold-up.

Je m'adresse au boss commerçant.

— Qu'est-ce qu'il t'a fauché ? La caisse ?

— Non, un paquet de biscuits et un pain d'épice. Sans compter ce qu'il a dû laper sur place.

Éberlué, j'ouvre de grands yeux.

— Et c'est pour ça que vous risquez votre peau sur le ruban, vous courez après ce môme pour un pain d'épice ?

— N'oublie pas le paquet de petits-beurre !

— Dites, les épiciers, si vous êtes fous, faut vous soigner. Pour un pain d'épice !...

Super-patron de l'hypermarché essaye de m'expliquer la cause du chaos économique mondial.

— Tu ne comprends rien à la gestion. La démarque invisible nous coûte 1 % de notre chiffre d'affaires.

— La quoi ?...

— La démarque invisible, la fauche... si tu préfères.

— À force de parler comme des énarques, vous devenez aussi énarchiants qu'eux. Je t'en foutrais de la démarque visible ou pas. Continue, mec. Tu pourrais bien finir à la télé dans une sit-com. *Super-boss contre la démarque invisible.* Et vous allez résoudre le problème en postant des vigiles à clébards pour protéger les sardines à l'huile ? Vous êtes zinzin, les gars ! À ce train-là, en Inde, on utilisera des tigres pour surveiller les boutiques.

Moustache se fait conciliant.

— Faut comprendre, c'est la loi du marché, l'économie libérale. Si on ne fait pas assez de bénéfices, on saute.

— Et si tu en fais trop, qu'est-ce qu'ils deviennent ?

Visiblement, ma question l'embarrasse.

— Pendant mon stage de formation, on n'a pas envisagé la question sous cet angle. Transigeons, le gosse paye ce qu'il doit, et je passe l'éponge. D'ac ?

— Combien ? How much ? Cuanto ?

L'homme pense à haute voix.

— J'suis pas équipé ici pour déchiffrer les codes-barres. Disons... biscuits... plus pain d'épice, plus l'essence pour rattraper le môme... 100 francs, ça va ?

Je tends quelques billets au moustachu.

— Garde la monnaie pour la prime de délation.

Rien à dire, il y a des jours où je suis royal ! Ce que Féline traduisait par : « Péji, c'est le roi des cons ! »

On me l'a répété. Il y a des jaloux partout.

Le commerçant, le vigile et son chien remontent en voiture. Je fais signe à Michel de s'installer et j'en profite pour agrafer la figurine d'onyx sur le pare-soleil.

— Tu ne pouvais pas me le dire, que tu avais la dalle ? Et maintenant... la vérité ? Qu'est-ce que tu fiches sur le trimard ?

Après un silence, le gamin m'a raconté.

Moi aussi, je l'ai bouclée pendant quelques minutes.

— Je rentre chez moi et je peux t'héberger un moment. Je verrai avec les copains pour que quelqu'un te conduise en Savoie, sans galérer plus longtemps.

Le môme s'est tourné vers moi. Jamais vu un sourire pareil. Il me tend la main, une paluche fluette, blanche, veinée de coulées noires.

— T'as aussi besoin d'un bain, je crois.

J'ai serré sa main et balancé un appel de phares au crétin d'en face qui s'apprêtait à doubler en troisième position. Ce n'est pas parce qu'on est ému qu'il faut baisser sa garde. Encore un truc à faire grimper le montant des primes d'assurance, l'émotion.

La route est libre. Moi aussi. Enfin !

12

Franz

Malgré mon dégoût, je regarde mes deux geôliers explorer les poches de Gino.

Le Turc enfourne une liasse de billets dans son jean. Les 1 000 dollars versés par ma pomme à l'hôtelier pour m'emmener à Rijeka. Je me sens une âme d'Harpagon et proteste.

— Oh, où tu vas ? Ils sont à moi, ces billets.

Grand rire de Turzim.

— Première nouvelle... À toi ? Attends un an et un jour et je te les remettrai. C'est la loi pour les objets trouvés.

Je serre les poings. Pas question de bouger. Le marin sous son air placide me semble aussi pacifique qu'un crocodile à jeun.

Sur la gauche, le petit bois s'illumine. Deux éclairs suivis de détonations. D'un seul mouvement, Turzim et Takis plongent derrière la voiture. C'est la première fois que je découvre un Grec et un Turc qui s'entendent aussi bien.

Nouveau tir. Abrité derrière la 205, j'essaye de me faire le plus petit possible.

Takis rampe vers moi. Quant à Turzim, il fait corps avec la terre et roule sur lui-même jusqu'au fossé.

Le capitaine se lève, fait mouvement pour rejoindre son copain.

Rafale. Le salaud, invisible, doit posséder un P.M. Mouche. Le marin hurle.

— Je suis touché, je suis touché.

Détonations. Sur ma droite, cette fois.

Au pistolet, Turzim déclenche la contre-attaque. Sous les arbres, le feu cesse.

Le temps prend son temps et passe. Turzim émerge du fossé, les genoux humides comme un danseur de lambada et avance vers Takis qu'il examine rapidement.

— Ce n'est pas grave, la balle est ressortie du bras.

Mon ex-patron, et néanmoins ennemi, déchire un mouchoir et fait un garrot avec les bandes de tissu.

— Une fois la plaie désinfectée, ça ira tout seul, tu verras.

Je ramasse une solide branche d'arbre, me glisse derrière l'adipeux et le frappe sur la nuque. Turzim se tasse et s'écroule.

— Tu as eu tort de faire ça, souffle Takis. Il va être doux comme un crotale lorsqu'il se réveillera.

— Tu lui feras du bouche-à-bouche, il adore le geste qui sauve. Maintenant, mêle-toi, encore une fois, de ce qui ne te regarde pas et tu verras ce qui va t'arriver.

Je récupère mes papiers dans la veste de Turzim

ainsi que les 1 000 dollars de Gino. Tant qu'à faire, je vide aussi le portefeuille de mon armateur. De sa ceinture, je tire un P.38 de la plus belle eau. Ouf, dans ce pays de sauvages, on se sent moins nu avec un pistolet en poche.

Au tour de Takis. La récolte, là aussi, est fructueuse.

Je salue le Grec d'un grand geste d'adieu et balance mon pied dans le torse de Turzim. Je lui dois bien ça.

La Golf démarre au quart de tour. Je fonce en direction de Lazio.

C'est une bourgade étirée entre la voie ferrée et la route de Rijeka.

Exploration rapide. Je cherche le bâtiment dont Kim m'a parlé, le Dalmatie-Garage. Le voilà ! Une longue bâtisse rectangulaire émerge au-dessus des toits bas du village. Son nom s'étale en lettres majuscules sur un mur blanchi à la chaux.

À l'intérieur, je manœuvre pour être prêt, en cas d'anicroche, à démarrer dans le bon sens.

La lumière violente de l'extérieur accentue l'obscurité qui enveloppe l'intérieur du garage. J'appelle. Personne ne répond, pas une ombre ne vient à ma rencontre. Mes yeux s'habituent au clair-obscur et, miracle, je le retrouve : dans un angle, capot tourné vers la sortie, mon Renault semble n'attendre que moi pour rentrer à la maison.

J'appelle de nouveau. En vain. Sans hésiter, j'avance vers une porte vitrée près d'une pompe à essence.

Une plainte jaillit du seuil. Saut en arrière. Pistolet au poing, je tâtonne et déniche un interrupteur.

Lumière. Habillé d'une salopette bleue, bâillonné et ficelé, un homme, allongé sur le sol, geint. Ses yeux supplient aussi.

Je me penche vers lui, défais son bâillon. L'autre essaie de se redresser et me débite un discours à grande vitesse.

Je ne parle pas le serbo-croate. Manquerait plus que ça ! Par gestes, j'essaie de lui faire comprendre que je ne pige rien à son discours.

— Niks compris.

Aucune raison pour qu'il comprenne l'allemand-petit-nègre ou le français bas allemand. Parole, c'est ça l'Europe. J'essaie en anglais. Il me répond en italien. O.K., on va pouvoir s'expliquer.

J'entreprends de le détacher, mais une voix, en français cette fois, m'ordonne de rester tranquille.

Une lame de couteau brille devant mon nez. Un visage émerge de la zone obscure : Kim ! Qu'est-ce qu'il fiche là, cet oiseau de malheur échappé des steppes de son Asie centrale ?

Très calme, il me fait signe de tout laisser en état et me désigne la porte du bureau. Il doit être économe, ce Kim, car il éteint avant de partir.

Les Kurdes me font face.

Je m'arrête. Ils sont tous là. Enfin presque tous... Il ne manque, me semble-t-il, que ceux que Gino a abattus.

Kim me sourit. Les autres paraissent plus réservés à mon égard. Question d'éducation, sans doute. Ils me dévisagent sans bouger, sans vie apparente. Ce ne sont pas des yeux qu'ils possèdent, ces mecs, mais des radars. Chacun me regarde, me jauge, me transperce, me pèse, s'interroge : « Qu'est-ce qu'il peut faire, seul contre vingt ? » Comme au lycée :

Que vouliez-vous qu'il fît contre trois ?

Qu'il mourût ! Ou qu'un beau désespoir alors le secourût !

Il y a des jours où on regrette vraiment de ne plus aller en classe.

Qui va me secourir dans ce désert ? Qui me débarrassera de ces Tartares ? De plus, ils sont armés. Chaque main se termine par un ongle brillant, une lame courbe, à croire que chacune est faite pour suivre la courbure d'un cou. Ils pourraient me faire confiance, pour une fois. Mais parler à ces métèques relève de l'utopie humanitaire.

Très vite, deux des barbares me délestent de tout ce qui déforme mes poches : portefeuille, arme, clés, et tendent le tout à Kim. Il y jette un coup d'œil et enfourne les documents dans sa veste de toile.

— Il ne t'arrivera rien si tu obéis. Je sais que c'est Turzim le coupable, mais nous avons un contrat avec toi. Tu as été payé pour nous conduire à Menton, en France. O.K. ?

J'approuve d'un signe de tête. Je n'ai plus les moyens d'un désaccord avec lui.

— On va embarquer et reprendre la route comme si rien ne s'était passé. Je voyagerai près de toi.

— Pas question. Tu n'as pas de papiers, et il y a des contrôles sur la route.

Il me tend un passeport flambant neuf, orné d'un visa apposé à l'intérieur sur une feuille volante.

— Qui t'a fourni ça ?

— Turzim, bien sûr. Mais c'est uniquement pour passer à Menton.

— Même un flic borgne n'accepterait pas un passeport pareil.

— Si, avec ça.

La lame a jailli de sa poche à une vitesse incroyable. J'esquisse un mouvement involontaire de recul. J'adore son sourire à peine dessiné. Sa tendresse le perdra, ce gus.

— Je suis sûr que toi aussi, tu ne dirais pas non dans ce cas.

J'aime qu'on me donne le choix. Ici, c'est oui ou oui. Pratique, non ?

— Autre chose. Tous les deux cents kilomètres, Zaïm me relayera et je monterai dans l'armoire à sa place.

Le Kurde dit deux mots au dénommé Zaïm. L'autre s'incline dans un salut respectueux. Décidément, il m'étonne, ce Kim.

— Avance ton camion. Allez, on embarque.

J'ignore si l'ordre a été donné en farsi, en malayalam ou en kannara mais les autres obéissent comme à la parade. Ah, les « langues O » et leur poésie...

Kim grimpe dans la cabine.

— Rends-moi mon portefeuille. Il faudra que je paye le gazole. Mon camion n'est pas un chameau, et l'eau n'est pas encore un carburant.

Il pige vite et me tend mon passeport ainsi qu'un billet de 100 dollars.

— Roule. Ça suffira dans l'immédiat.

— Oui, mais pas question de passer par Rijeka. J'ai laissé Turzim, plutôt abîmé, sur la route avec un de ses potes.

Mon compagnon ne bronche pas, mais ses yeux semblent soudain plus gais.

Je sors mon atlas de cartes routières, examine les itinéraires possibles et je réalise que Turzim va raisonner comme moi. Donc, plus question d'éviter Rijeka, je filerai tout droit. J'explique mon plan à Kim, qui reste impassible.

Turzim ne sait pas que j'ai récupéré le camion. Il va donc chercher une Golf. C'est jouable.

Ça roule. Je sors de Lazio et monte vers le nord.

Un attroupement, sur la route, attire mon attention. À gauche, un groupe de miliciens noie, avec des extincteurs à mousse, les débris d'une 205 noire qui achève de se consumer. Des motards en uniforme assurent la régulation du trafic et me font signe de passer.

Coup d'œil à gauche. Pas trace de Turzim et de son acolyte. Ils ne doivent pourtant pas être loin. Je suis sûr que le Turc a détruit la Peugeot pour effacer le maximum d'indices susceptibles de le faire repérer.

J'appuie sur le champignon.

À la première occasion, j'appellerai Féline.

13

Paul-Jacques dit Péji

À vingt-cinq ans, des femmes, j'en avais connu quelques-unes. Depuis les nanas plates, aux fesses frappées d'alignement, jusqu'aux filles aux tétons exubérants qui coulent sous les doigts comme des camemberts trop faits, en passant par des nénettes intellectuelles aux cuisses molles et aux neurones serrés en quête de mecs virils. Le genre Diogène féministe en détresse à la recherche du paradis perdu, un homme, un vrai. Mais des Féline... je n'en ai rencontré qu'une. Heureusement.

Elle travaillait chez un routier de la région, un concurrent de Favier. Et le métier nous a rapprochés. Mais notre véritable rencontre se fit chez des copains, à la communion solennelle de leur gamin.

On a valsé. Une fois, deux, dix. Ici, pas question de rock, de techno ou de jazz. Les campagnes restent conservatrices malgré la décentralisation culturelle réalisée à coups de jeux télévisés et de spots publicitaires.

Je la connaissais depuis cinq minutes à peine et,

déjà, je regrettais notre future rupture. C'était évident. Ça arriverait, fatalement. On ne passe pas une vie entière avec du vif-argent dans les bras. Et, de mémoire d'homme, on n'a jamais vu d'eau faire bouillir du feu. Jamais.

Je l'ai revue. Une fois, deux, dix. Elle n'était pas vierge. Moi non plus. Mariage. Et j'ai découvert le plaisir conjugal réduit aux acquêts. Un jeu imbécile qu'elle m'avait proposé. Je payais chaque fois que nous faisions l'amour.

Au début, ça m'a amusé. Pas longtemps. Il faut dire, à ma décharge, que mes moyens physiques dépassaient largement mes moyens financiers. Je venais d'acheter mon premier camion, un vieux Mercedes hypothéqué par la crainte que les Mines, à l'examen annuel, ne l'envoient à la casse. Je faisais du local, du dépannage, et l'argent était rare.

Très vite, je me suis lassé du rituel de Féline. Pas elle, hélas.

Je travaillais. Des horaires insensés. Je l'aimais. Il m'est même arrivé de truquer le tachygraphe pour ne pas avoir d'ennuis avec les gendarmes lors des contrôles routiers sur le temps de travail. Je l'aimais, avec pour corollaire de rouler, rouler, rouler. Les travaux forcés pour baiser en paix.

Entre deux ravins, la stabilité se situe sur une ligne de crête. Je m'efforçais de m'y maintenir, tant bien que mal, pour sauver mon mariage et éviter la ruine. C'est un des jours, où je venais de me taper dix-huit heures de volant, qu'elle m'a traité de quéquette-minute. J'avais fait l'amour trop vite, paraît-il. Manquerait plus que l'on baise au compteur. Au lieu de la mettre à la porte, je me suis excusé.

Là-dessus, j'ai retrouvé Franz. Ça devait arriver. C'est arrivé. Franz ou un autre... J'aurais aimé que ce ne fût pas Franz.

Et maintenant, j'émerge.

Le bahut tangue sur la route bombée. Je jette un coup d'œil au gamin près de moi. Assoupi, il ballotte la tête dans un court mouvement de métronome. Qu'est-ce que je vais faire de lui ? L'emmener à Combloux, chose promise, chose due. Mais mon horaire de la semaine prochaine ne me laisse pas le temps de respirer.

J'en parlerai au Duc. Il connaît tout le monde sur le trimard, le père Chris.

La nuit descend.

J'allume mes lanternes et les feux de gabarit. Le camion avance dans une combe encaissée entre deux collines. Un décor de western à la jurassienne, mais ici la rocaille est verte et le whisky ressemble plus au vin d'Arbois qu'à du bourbon.

Une lumière, au loin, s'agite sur la route. J'aperçois des *warning* qui clignotent dans la brume légère étalée sur le bitume.

Je lève le pied, m'arrête, passe en codes. De la berme, une fille me fait signe. J'aperçois une tignasse rousse. Malgré l'obscurité, elle porte des lunettes fumées. Un foulard masque le bas de son visage.

— Je suis en panne. Pouvez-vous m'aider ?

Je m'éjecte du piège et m'approche d'une Audi mal garée.

— Qu'est-ce qui ne va pas ?

— Mon moteur. Je cale tous les dix mètres.

— Vous avez de l'essence, au moins ?

Haussement d'épaules furieux. À croire que je l'ai insultée.

J'aurais dû me méfier. Un véhicule en panne, au moteur naze, n'a jamais le capot rabattu. Même le dernier en mécanique lève toujours le couvercle. Ça lui donne l'impression de comprendre quelque chose à l'alchimie de la voiture.

L'ombre d'un homme se profile sur ma droite. Sa main dans la poche droite, il marche sur moi.

— Mon mari, précise d'un geste la donzelle adossée à l'Audi.

Je le salue d'un mouvement de tête.

— Voyons voir ce moteur.

Et je sens quelque chose de dur s'encastrer dans mon dos.

— Bouge pas, on te veut pas de mal.

— Je n'ai pas d'argent sur moi, je ne suis pas un encaisseur.

— Passe quand même ton portefeuille.

Coup d'œil rapide et l'objet disparaît dans sa poche.

— Faites pas les cons ! Ce n'est pas une affaire que vous allez ramasser là.

— Et le camion... Il vaut combien, d'après toi ?

Mon Dieu ! Pas le bahut, c'est ma bouée de sauvetage.

Poings fermés, j'avance d'un pas. L'arme se lève.

— Ne m'oblige pas à tirer. Après tout, t'es assuré, alors laisse l'héroïsme au vestiaire. Oh, toi, viens par ici.

La fille obéit, s'approche.

— Colle ce ringard contre un arbre et attache-lui les poignets.

Vite fait, je me retrouve scotché à un jeune chêne par un rouleau de cordelettes de nylon sorti du sac de mon auto-stoppeuse.

— Bonne nuit !

Le couple s'éloigne. Je distingue à peine leurs silhouettes dans la lueur des feux de position qui ornent ma caisse. Côté conducteur, le malfrat ouvre la portière, se hisse d'un cran.

La nuit explose dans un hurlement. L'homme crie, glapit, bascule en arrière. La fille, qui s'apprêtait à monter près de lui, recule et braque un pistolet sur le pare-brise.

— Que se passe-t-il, Bobby ? Oh, Bobby, réponds !

L'autre, à genoux, pleurniche.

— Mon bras... Bon sang, il m'a pété le bras. Filons.

— Ne bouge pas. Je vais lui régler son compte.

— Non, idiote, il te voit et tu ne sais pas où il se tient. S'il a une arme, il va t'abattre avant que tu n'aies le temps de souffler. Je ne peux plus conduire et, toi, tu ne sais pas manier un gros-cul de cette envergure. Oh, que j'ai mal... Aide-moi.

La silhouette noire hésite, se penche vers son compagnon et l'aide à se relever.

Mon voleur avance vers l'Audi. La fille reste une ombre imprécise.

L'homme s'installe à droite. La femme prend le

volant, lance le moulin. Sans hâte, elle passe la tête par la vitre baissée et, posément, vide une partie du chargeur de son arme dans les pneus du Renault. Un à un, les boudins explosent. Le camion s'affaisse. L'Audi démarre, disparaît.

La nuit redevient noire lorsqu'un jet de lumière transperce les ténèbres. Surpris, je crie. Et je réalise que ce sont les phares de mon bahut qui déchirent l'obscurité.

La portière se déploie. Un jeune garçon, armé d'une barre de fer, paraît, saute sur la route, court vers moi. C'est Michel, mon petit voleur de supermarché. Je l'avais complètement oublié, celui-là.

— Tu n'as rien ?

— Ça va, ça va. Et toi ?

— Tout est O.K., boss ! Œil de faucon est en fuite, il a loupé l'attaque de la diligence. N'empêche que c'est pas bête d'avoir une barre de fer dans le camion.

Je serre le gamin contre moi et j'éclate d'un rire fou. C'est contagieux la joie après une grande frousse. Michel en pleure. Je suis là, dans la nuit, debout dans le faisceau des phares, et je ris à me faire péter le ventre en compagnie d'un gosse que je ne connaissais pas encore hier.

— Ce n'est pas tout de rigoler, mais ils risquent de revenir.

— Ça m'étonnerait. J'espère bien que je lui ai cassé le bras. Il a plus besoin d'un plâtre que d'un cerceau.

Tour du bahut. Il me paraît tout rabougri avec ses chaussettes percées. Je passe la main sur la caisse, comme une caresse sur un être vivant. J'ai le cœur dans un étau, mais je ne peux rien pour ma machine. Il me faut une dépanneuse.

— Le camion, aussi, a besoin de soins.

Feux de détresse allumés, je cours vers l'amont pour placer le triangle de sécurité.

— Tu aimes la marche ? Le temps de prendre une torche et on y va. Le prochain bled est à cinq bornes.

Le gosse fait un pas, revient en arrière, s'empare d'un objet posé sur le sol et accourt vers moi.

Du menton, il me désigne la barre de fer qu'il serre dans la main droite.

— Le père disait toujours qu'on marche mieux avec un bâton, paraît que ça aide.

J'ai envie de l'embrasser, ce môme. Je le prends par l'épaule. Sans hésiter, j'avance dans la nuit. Le gamin suit au même rythme.

Une heure de marche. Déposition à la gendarmerie.

Un taxi me ramène sur les bords de la Loue. Dans la voiture, Michel s'est endormi.

J'appelle Chris pour me faire dépanner le plus vite possible et je vais me coucher. Demain sera un autre jour.

14

Franz

La route s'élève par paliers, s'effondre soudain à la sortie d'un virage et s'enfonce dans un paysage de montagnes truffées de ravins.

Près de moi, Kim dort, ou fait semblant. Je n'aime pas sa présence à mes côtés. Qui, d'ailleurs, aimerait voyager avec une lame aiguisée pointée sur son flanc ? Je ne le ressens pas comme un humain, cet être-là, mais comme une arme braquée en permanence sur moi. Au boulot, je roule toujours seul et n'embarque jamais de *fret de cabine*. Les filles, sur le trimard, ce n'est pas mon truc. J'en connais suffisamment sans avoir à m'encombrer d'amours passagères. Ou plutôt j'en connaissais. Depuis Féline, la chasse aux culottes « Petit Bateau » est fermée.

Après sa séparation avec Péji, j'ai vécu chez elle, à Dijon. La maison vendue, divorce oblige, elle m'a gentiment prié de transporter mes pénates ailleurs. Depuis, je ne la rencontre que lorsqu'elle veut bien. C'est aléatoire mais, tout de même, assez fréquent.

Curieuse histoire. Je ne sais même pas où elle habite. Par jeu, elle refuse de me le dire. Je ne possède que son numéro de téléphone. En France, rien de plus facile que de dénicher l'adresse de quelqu'un lorsqu'on connaît ses coordonnées d'appel. Il suffit de la demander aux renseignements des Télécom. Oui, mais voilà, Féline est sur la liste rouge et on obtient plus aisément une communication avec feu Staline, la Sécu ou Isabelle la Catholique qu'avec un abonné planqué derrière sa liste-bunker. Féline m'a donné le choix. À prendre ou à laisser. J'ai pris.

En rentrant, je vais mettre les choses au point. Fini d'appeler souvent et de la voir arriver quand ça lui chante. Terminé de me coltiner des clandestins. J'ai assez de fric maintenant pour monter une entreprise avec un second bahut. Je créerai une boîte spécialisée dans le transport régional avec retour chaque soir à la maison. Vive le cocooning ! Ronron avec Féline. Charentaises, sexe et télé, la trilogie de l'homme moderne.

Kim me pousse du coude.

— On nous suit.

Rétro. Au loin, une Mercedes grise escalade les lacets.

— C'est peut-être un gus qui trace la même route que nous ?

— Non, ralentis... et il ralentira ; accélère... et il en fera autant.

Test. J'appuie à fond. La distance se creuse mais, très rapidement, l'autre revient.

Je connais bien le secteur, on va s'amuser.

De nouveau, je tiens le rythme de croisière. À Bénéja, je vais dégager sur la droite en direction de Ljubljana. Je passerai la frontière à Nova Gorica.

Carrefour. Je quitte la nationale, accélère. La route sera bonne pendant vingt bornes. Ensuite, retour de la montagne avec quelques jolis gouffres à consommer avec modération. Ils tuent plus vite que l'alcool.

Plus personne à l'arrière. Je quitte la piste, m'enfonce dans un sous-bois. Kim me regarde manœuvrer. Le camion est prêt à repartir dans l'autre sens. Si les gars à la Mercedes se pointent, on les verra venir. C'est toujours bon d'avoir une longueur d'avance sur l'adversaire.

— Donne-moi le pistolet que tu m'as pris.

Kim fait non de la tête. Il ne sait pas que j'ai une autre arme planquée sous le tableau de bord : « *Ultima ratio regum* », dernier argument des rois. On verra en temps utile. En attendant, j'ai bien l'impression d'être le roi des cons avec ce gus qui détient un feu...

— Tu n'as pas besoin d'artillerie. Je t'accompagnerai jusqu'à la fin du voyage. Avec moi, tu ne risques rien.

Encore un ami qui me veut du bien ! Les amis, pour moi, c'est comme Dieu. J'en ai peur. Lorsque le curé de mon village m'affirmait que Dieu m'aimait, je tremblais.

— On va voir ce qui se passe. Dis aux autres de ne pas bouger et, surtout, de se taire !

À couvert, sous les arbres, j'avance très vite vers la route en contrebas. Kim suit.

Accroupi à l'orée du bois, j'attends. Cinq minutes passent. La Mercedes sort d'un virage. L'autre a réalisé très vite que je l'avais semé. Ils sont deux, mes suiveurs. La silhouette de Turzim, au volant, masque à peine la gueule huileuse de son marin grec. Ces deux-là, il vaut mieux que je ne les revoie pas.

— Viens !

Course vers le camion. Je relance le moulin et reprends la direction de la route côtière. Je dévale comme un fou. Pour la première fois, je réalise que mon passager a peur. Un point pour lui, il ne bronche pas. Pas plus que les gonzes secoués à l'arrière comme dans un mixer. Ça tangue, ça roule, le piège pique en avant, la remorque chasse en ripant, s'aligne dans le chuintement des pneus. J'adore conduire comme ça.

La grande route vers l'Italie est là. J'appuie à fond, le bahut tremble, j'imagine les vibrations ressenties par mes clandestins, et ça m'excite. Kim se tait.

J'abats dix kilomètre et reprends, à tribord, en direction de la capitale slovène. Tout va dépendre maintenant du flair de mon Turc.

Quelque chose ne va pas, et je m'en veux de ne pas y avoir pensé plus tôt. Il est vrai que depuis ma rencontre avec Turzim, à l'hôtel Italia, je n'ai pas eu beaucoup de temps pour approfondir le problème. Il me fallait survivre.

Je suis vivant.

Oui, quelque chose cloche. Que j'ai eu un pépin avec le vol du bahut... soit. Ce n'est ni le premier ni le dernier camion arraisonné sur la route. Mais en quoi cela intéressait-il mon boss d'Istanbul ? La galère routière ne relevait que de mon domaine, pas du sien. Le mille-pattes ? Mais c'est le mien. Turzim ne me paiera pas la valeur de mon matériel. Ce n'est pas mon assureur. La cargaison ? Mais c'est lui qui m'a ordonné de la larguer. Alors... alors... pourquoi m'a-t-il rejoint, en avion, à Rijeka ? Pourquoi cette agression à mon égard ? Pourquoi me surveiller depuis mon départ ?

La lumière arrive, foudroyante. Il ne me surveillait pas, il VEILLAIT sur moi.

J'éclate d'un tel rire que je suis obligé de ralentir. Kim me regarde, et je devine qu'il craint pour mon équilibre mental. Turzim, la bonne âme, en ange gardien, Turzim, la nourrice s'occupant de son bébé... Idiot ! Ce n'est pas moi la tête blonde, le chéri de son papa, pas plus que Kim ou le chargement de bidoche, non ! C'est le camion, le nourrisson, le chéri, le trésor. Le trésor... nous y voilà... Je repense à l'entretien de Rijeka avec Turzim lorsqu'il m'expliquait que faire le négrier n'était qu'un travail de gagne-petit. Et la raclée que m'a filée Takis représentait la sanction, le prix d'un instant de doute à mon égard. Trois hommes ont déjà laissé leur vie dans une magouille qui m'échappe, sans compter les loquedus du tiers-monde abattus par Gino.

Par l'enfer, qu'est-ce que je transporte ? Des armes ? Peu vraisemblable. J'ai eu un échantillonnage des affaires de Turzim dans le port de Rijeka. Inutile de me casser la tête. Je ne le saurai que lorsque je m'offrirai un tête-à-tête avec Airbag. Avec un hic de taille, s'il me trouve, je ne ferai pas de vieux os cette fois. Par contre, si la surprise joue en ma faveur, on pourrait s'amuser. Dernier blocage : mon voisin de cabine avec sa dégaine à la Gandhi tant il est longiligne. Faut que je m'en débarrasse à la première occasion.

C'est à Istanbul que tout s'est noué. Comme d'habitude, j'ai laissé le camion pendant vingt-quatre heures dans le garage de Turzim avant de le garer au parking de Topkapi. C'est durant la transformation que les choses se sont passées. Qu'est-ce que je transporte, bon sang ?

La machine, bien réglée, grimpe un nouveau col. Horizon ouvert. En souplesse, ma caisse redescend vers la frontière. Kim, averti, ne bronche pas.

— Tu ne veux pas passer derrière ?

— C'est le moment de tester mon passeport. En cas de problème, tu prétendras que tu m'as pris en stop.

J'apprécie et lève le pouce en signe de salut. Il n'est pas mal, ce Kim, il mériterait d'être européen.

— Où as-tu appris le français ?

— À Genève.

— Tu as vécu en Suisse ?

— Oui, mon père m'a...

La phrase reste inachevée. Kim hausse les épaules.

— Voilà la frontière.

Les Slovènes, assommés par la chaleur, roupillent à moitié et laissent passer sans histoires. À tout hasard, j'avais glissé un billet de 100 dollars dans mon passeport. Le flic yougo l'a ouvert, regardé, feuilleté et me l'a rendu sans un mot. Je sais, sans vérifier, que le billet de l'oncle Sam s'est fait la malle.

No man's land. Un panneau, en italien, avertit en caractères gras que, sous peine de sanctions, « *Il est interdit de donner des pourboires aux douaniers.* » Une main, anonyme, a rajouté en français. « *C.B. autorisées.* »

Poste italien. Là aussi, c'est l'été. Le carabinier me fait signe de passer.

La route libre s'ouvre devant mon capot. Je laisse Mestre et Venise sur la gauche. Prochain relais, en plein bois, à l'Albergo Arezzo près de Reggio, en Emilie. Ensuite, cap vers la côte, Gênes et la maison, dans France la Douce, province de Félinie.

L'auberge dort, volets clos.

Une affichette, punaisée sur le bois, m'informe que l'hôtel est fermé pour cause de décès du signor Pozzi, son propriétaire.

Le coin, rapidement inspecté, se révèle vide. Normal, Turzim ne loge pas ses clients au Danieli, à Venise. Et, ici, il n'y a qu'un pigeon. Moi.

Mes Kurdes s'éjectent un à un, sautillent pour se dégourdir les jambes.

Sans leurs barbes anarchiques de trois jours, la crasse qui les patine, on dirait un groupe d'adolescents en virée. Qu'est-ce qu'ils schlinguent, mes passagers ! Il faut dire que la cargaison de peaux de mouton n'arrange pas les choses. Quel parfum terrible ! Faudrait inventer un autre mot que « parfum » pour désigner un truc pareil... Et beaucoup de courage aux gabelous français pour inspecter un tel bahut. Mais, en dehors de cette pestilence, je les trouve plutôt sympas, mes clients. Ce soir, ils ont même un côté humain.

J'explique à Kim ce que je vais faire.

— Je vais laisser la remorque ici et descendre, en solo, jusqu'au prochain village pour nous ravitailler. C'est à quinze kilomètres d'ici.

— Qu'est-ce qui me dit que tu reviendras nous chercher ?

— Tu ne crois pas que je vais abandonner ma remorque ici et filer avec le tracteur ?

D'autant plus que j'ai l'intention de l'explorer, mon bahut. À Turzim malin, malin et demi.

— Moi, je ne crois pas, dit Kim. Je pense. Zaïm va t'accompagner. Ne fais pas l'idiot, il ne t'aime pas et se sert très bien d'un couteau.

Moi, aussi, je ne l'adore pas. Mais je ne lui dirai pas.

Au village, pas de question. Aucun épicier n'en pose, surtout lorsqu'on lui achète de la nourriture pour une trentaine d'estomacs.

— Camping ?

— Si.

J'embarque aussi dix cartons d'eau minérale. La cabine devient étroite lorsque Zaïm s'installe à son tour.

Mon compagnon n'a pas ouvert la bouche durant le voyage. Celui-là, je n'aimerais pas le rencontrer seul, la nuit, sur la route. D'ailleurs, je ne m'arrêterais pas devant une gueule pareille, même si elle se tenait au milieu du chemin. Je souris et rectifie : surtout si elle se tient au milieu du chemin.

Spontanément j'accélère et dérape volontairement. Zaïm perd l'équilibre, heurte du front la vitre latérale, se rattrape à la portière et me jette un regard noir.

Le tracteur vidé de son contenu, Kim m'aide à atteler la belle-mère.

Dans le soir qui descend, les hommes forment un cercle silencieux. Ils possèdent, tous, le même visage minéral, les mêmes corps sans rondeurs, les mêmes peaux martelées par le malheur. À croire que la faim, la peur, la soif, la rupture avec leurs familles entraînent un nivellement général qui implique la disparition de l'originalité de chacun dans un terme générique : les clandestins. Oui, clandestins... ils le sont, tant ils paraissent totalement étrangers à la vie, comme s'ils respiraient un air différent du nôtre, comme si leur fuite vers la survie à l'Ouest les rendait effectivement imperceptibles et les condamnait à n'exercer que secrètement les gestes les plus banals de notre existence : manger, boire, pisser. On dirait des déportés sortis de Buchenwald ou d'un autre paradis nazi. Ce sont des hommes invisibles, mes clients, mais comme chacun sait, le client est roi, alors le reste n'est vraiment pas mon problème.

Je n'ai qu'une hâte, livrer mon chargement. Encore que je les larguerais, vite fait, si Kim ou son acolyte relâchaient leur surveillance. Sans un mot, sans un signe, ils se relaient. Je ne suis jamais seul, jamais, alors que ma seule préoccupation, c'est de me débarrasser de Turzim, d'inspecter le camion, de découvrir ce que je trimballe à mon insu et qui tue aussi sûrement, mais plus vite que le sida.

Je passe des pizzas à Zaïm. Sans un mot, il tend à chacun une part de pasta. Les gorges, avides, déglutissent.

Tournée générale d'eau minérale.

Kim a posé les bouteilles, décapsulées, au centre du cercle. C'est une ruée muette. Goulot serré entre les dents, chacun boit à longs traits. L'eau coule, glougloute, déborde des bouches, s'étale sur les mentons, part en rigole sur les cous en traçant un canal clair sur les peaux encrassées. Des langues avides surgissent à l'air libre pour explorer le tour des lèvres et happer une dernière goutte de liquide. Je comprends, pour la première fois, le sens de l'expression « se pourlécher les babines ».

Il fait nuit. Les lanternes allumées du bahut balancent une clarté diffuse. Pas question d'allumer les phares et de risquer de se faire repérer.

Les Kurdes, dans cette lumière de misère, ressemblent à des pantins jouant une pantomime dans une forêt. Un conte de Grimm, illustré par des marionnettes campées dans un décor d'arbres et de hautes fougères.

Un craquement fait lever la tête de Kim. Sa main se porte vers sa poche.

Venu du sous-bois, quelque chose déboule, s'écrase à l'intérieur du cercle, s'aplatit sur les bouteilles, en ramasse une. C'est une longue silhouette qui boit, crache, s'étrangle, boit encore et vide, d'un seul jet, une bouteille entière.

Les hommes sont debout. Les couteaux étincellent. La nuit crie.

Un des Kurdes se précipite sur l'intrus, le plaque au sol. La bouteille lui échappe et laisse couler ses dernières gouttes. Nouveaux cris. L'autre veut récupérer le flacon mais reste immobile sous la pression de mes passagers.

J'allume les phares et oblige les gars à lâcher leur proie.

Stupeur. C'est une femme. Grande, très grande, mince, avec une chevelure noire qui, visiblement, a perdu l'habitude du peigne ou de la brosse. Les cheveux coulent jusqu'aux épaules de la fille dans un sillage de poussière couleur de cendre rouge. Le tissu de ses vêtements tient plus de la serpillière que d'une draperie anglaise ou d'un twill arc-en-ciel. Tête droite, bras croisés sur la poitrine, son regard, d'un bleu d'améthyste, nous découvre un à un.

Sa tête pivote, fait l'inventaire. Ses traits se perdent sous une couche de crasse aux reflets de rouille. Elle sent la sueur, l'urine, la fille qui se néglige mais personne, en dehors de moi, ne semble incommodé par l'odeur de moisi et de rance qu'elle dégage.

— Qui es-tu ? Qu'est-ce que tu fais par ici ?

J'essaie en français, en italien. En anglais, ça marche.

— Je m'appelle Daria et j'avais soif.

Je m'en suis aperçu.

— Et c'est une habitude, chez toi, de te promener, seule, la nuit, dans les bois, pour trouver un pot à boire ?

— Si je ne vous avais pas trouvé, je mourais. Pas d'eau, pas de vie. Vous n'avez rien à manger ?

C'est de l'écologie au degré zéro. Elle se fiche de moi, cette fille. Qui l'envoie ? Turzim ? Peu probable. Le danger, c'est lui et pas cette épave affamée, perdue dans la forêt.

Une main anonyme lui tend une portion de pizza. Elle ne mange pas, mais déchiquette la nourriture, lacère la pâte de ses dents, récupère d'un coup de langue un morceau d'olive noire collé sur la lèvre supérieure.

Je la laisse terminer et reprends l'interrogatoire.

— C'est ça, tu avais soif, et tu as déniché le seul pub ouvert la nuit, à vingt kilomètres à la ronde. Assez joué ! Qu'est-ce que tu veux ?

Elle dévisage les hommes un à un. La misère, c'est comme la panique ou la maladie, c'est contagieux et tous les malades se reconnaissent entre eux.

Du doigt, elle désigne les Kurdes.

— Je fais comme eux. Je vais en Allemagne.

J'ai compris. Encore une qui s'est fait dépouiller et larguer par un passeur.

— Seule ? Tu vas en Allemagne, comme ça ? Seule et à l'aventure ?

Daria secoue la tête et me montre les bois.

— Les autres sont par là. Venez, sinon ils vont mourir. Tous.

Je consulte Kim du regard.

— D'accord, fait-il, on y va.

— Tu sais ce qui peut arriver ?

— Oui, mais autant affronter le danger. À ne rien faire, ici, on risque d'avoir toute son équipe sur le dos sans que nous les voyions venir. On y va ensemble.

Je prends une torche dans la boîte à gants du bahut. Zaïm m'observe à deux pas. J'éteins les phares et une obscurité totale s'abat devant l'albergo.

La lampe éclaire le groupe d'hommes. Chacun possède maintenant un long ongle brillant au bout des doigts. Sans leurs couteaux, ils doivent se sentir tout nus, mes passagers.

Je m'adresse à Daria.

— Ouvre-nous la route.

— Attends ! Il faut prendre l'eau.

Deux bouteilles en main, elle se place en tête du groupe.

— Prenez le reste, vite.

Un désir de Kim est un ordre pour ses compagnons. Toute la provision de liquide est aussitôt emportée.

Encadrée par les Kurdes, moi en flanc-garde, la fille avance dans le sous-bois, rejoint un sentier, débouche sur un chemin de terre près d'une cabane en ruine.

Une remorque de camion, une vieille belle-mère à l'abandon, stationne là, à l'abri des arbres. Sur la plate-forme, non bâchée, un conteneur à la peinture rouge sombre, écaillée, ressemble à un long gâteau sale de pain d'épice.

Tout est paisible dans la forêt.

Daria s'approche du conteneur, frappe sur la paroi et annonce quelque chose dans une langue que je ne connais pas.

Je fais un saut en arrière. Les Kurdes, eux, n'ont pas bougé devant le couvercle de la caisse d'acier qui s'est soudain rabattu en arrière. On dirait un de ces jouets d'enfant d'autrefois d'où jaillissait un diable poussé par un ressort. Un diable ? Non, deux, cinq, sept démons. Ils sont sept à s'éjecter de leur prison de métal. Sept... Il paraît que c'est un chiffre qui porte bonheur... Eux, arborent plutôt la gueule de gus qui fêtent tous les jours le vieil adage des optimistes : « Chouette, plus que sept ans de malheur ! »

Avec leurs têtes effilées, leurs traits tordus par l'angoisse et la fatigue, ils vaudraient très cher si c'était des Giacometti ; mais ils ne sont rien d'autre que des fuyards en route vers un Eldorado qui n'existe que dans leurs têtes. Ce n'est pas moi qui vais les dissuader. Encore que ce groupe-là, j'aimerais le savoir en enfer. Une petite voix intérieure me fait remarquer que nous y sommes peut-être arrivés au pays de Fra Diavolo.

Daria leur tend les bouteilles. Sans un mot, ils arrachent les capsules avec leurs dents et boivent. Je me demande depuis combien d'heures, ou de jours, ils n'ont pas touché une goutte de liquide.

Je laisse faire. Près de moi, Kim a de nouveau la main dans la poche. Zaïm se tient à l'écart, dans un qui-vive permanent. Les autres non plus ne se laisseront pas surprendre.

Daria s'approche de moi.

— Merci. Pouvez-vous nous aider ?

Sans broncher, j'attends la suite.

— Vous aider ? À quoi ?

— Nous emmener en Allemagne.

— Je ne vais pas dans cette direction.

— Où allez-vous ?

Kim intervient. J'ignorais qu'il maîtrisait aussi l'anglais. Je n'apprécie pas du tout qu'il prenne la direction des opérations, mais c'est hélas lui qui possède le P.38. Patience...

— Ça ne te regarde pas. Chacun ses affaires et Allah veillera sur tous. Et vous... d'où venez-vous ?

— De Iasi, en Roumanie. Nous sommes des Gitans. Antonesco, notre guide, le passeur, nous a promis du travail en Allemagne. Il paraît qu'ils embauchent là-bas. C'est un pays tolérant avec un peuple heureux qui aime les étrangers.

— Où est-il, votre... Antonesco ?

— Parti avec Iléna.

— Qui ?

— Iléna, une fille qui voyageait avec nous. Ils nous ont volé tout ce que nous avions et nous ont lâchés ici. Puis ils ont filé avec le tracteur du camion.

Je m'approche du containeur. Pas bête, leur truc. La caisse est divisée en deux : un espace toilettes et un espace living, comme dit la pub. Une couverture écossaise, trouée, tapisse le sol de la partie habitable. Une tinette, amarrée par des cordes à la paroi, sert aux besoins naturels. Une odeur prend à la gorge, une odeur terrible d'ammoniaque, de merde, de sueur et de mort. Pouah ! Vive mes peaux de mouton. Deux trous d'aération, de la taille d'une pièce de cinq francs, perforent la caisse.

— Vous êtes restés longtemps dans ce caisson ?

— Quel jour sommes-nous ?

— Jeudi.

— Il y a donc trois jours que nous sommes partis et, en plus, ces porcs essayaient tous de me baiser. Dans ce cercueil ambulant. Un de nos amis est mort hier, et il n'était plus possible de rester enfermés dans cette tombe.

Sa main me tire par la manche. Je la suis et découvre le corps d'un vieil homme allongé sous les arbres.

— Faudrait l'enterrer.

— Avec quoi ? Il n'y a que ce soir que nous avons réussi à sortir. Pour éviter que les hommes se dispersent et ramènent les flics, je les ai enfermés avant de partir et de vous trouver.

— Et si tu n'étais pas revenue ?

— Ils seraient morts. De toute façon, ils le sont si tu ne nous emmènes pas. Antonesco nous a prévenus... les montagnards du coin ne font pas de quartier avec les fuyards clandestins. Dépouillés, ils disparaissent. Pas vu, pas pris. Et comme personne ne dépose de plainte...

Tu parles que je vais les emmener. Pas possible, cette nana me prend pour mère Teresa ou Médecins sans frontières. Je ne suis pas croyant et encore moins toubib. Je fais signe à Kim de rameuter ses hommes.

— Nous avons perdu trop de temps, filons.

Torche au poing, j'éclaire le sentier.

Les Roumains, d'abord figés, se précipitent sur l'arrière-garde formée par Zaïm et Kim. Dans un flot d'injures, les hommes se battent. Des corps s'écroulent.

Kim pousse un cri, me saisit par le bras.

— Regarde !

En contrebas, des lueurs escaladent la route en lacet. Un éclat de phares me révèle le désastre.

— Les carabiniers !

Même à Babel, on aurait compris.

Les combattants se dispersent aussitôt. Adieu, Roumains, Kurdes et vacheries en tout genre, si j'arrive seul au camion... T'as qu'à croire, mec ! Mirage ! Car ils sont tous là à se ruer à l'intérieur du bahut. Sans m'occuper des hommes, je m'installe au volant. Kim grimpe en voltige.

Je démarre. À l'arrière, on hurle. M'en fous.

Rétro. J'entrevois les silhouettes de deux hommes accrochés à hauteur des feux de gabarit.

— Stop ! Arrête.

Pas question d'obéir à l'injonction de Kim, malgré le P.38 pointé sur moi. Cette fois la coupe déborde.

— Tire ! Vas-y, tire ! On fera une descente schuss. Il y a trois cents mètres de dénivellée dans cet à-pic. T'as vécu en Suisse ? Tu connais donc le ski. Vas-y, tire !

Je vire serré. À l'arrière, un des hommes lâche prise et file dans l'espace, catapulté par la force centrifuge. Une météorite de chair. Je vois sa tête heurter un rocher. Le crâne se fend, éclate, se vide dans un jet rouge.

Les vitesses grimpent. J'accélère encore. Éjecté à son tour, le second guignol se transforme en deltaplane et vole vers le ravin.

— Range ton arme, crétin, ce ne sont que des Gitans.

— Ce ne sont pas des hommes, les Gitans ?

— Les avis divergent sur la question. De toute façon, je ne suis pas la Croix-Rouge ou une O.N.G. Je choisis mes clients, ceux qui payent.

Pour une fois, j'aimerais bien que même ceux qui payent se fassent la malle à leur tour. L'arrêt-buffet va nous coûter cher. En dehors de Turzim and Co., j'ai maintenant les carabiniers aux trousses. S'ils nous ont repérés, ils n'abandonneront plus la chasse.

Toute la nuit, sur des routes secondaires à l'écart des grandes villes, je traverse les Apennins.

Après avoir fait le plein, au petit matin, je m'arrête sur une hauteur, dans un coin désert au-dessus de la mer. Elle étincelle en bas, m'appelle, m'offre de nager dans cette eau couleur de ciel fluoré, de me reposer enfin. Je n'ai pas crié : « Thalassa ! Thalassa ! », mais j'ai fait quelques pas pour fumer une cigarette.

Kim saute du piège et arrive à ma hauteur.

— Ouvre derrière pour qu'ils puissent descendre.

— Pas ici. On va filer jusqu'à Novi, en Ligurie, et on attendra la nuit pour repartir. Je ne veux plus rouler de jour, à cause des carabiniers.

La cigarette achevée, je remets la gomme. Très vite, j'atteins une clairière que je connais dans la rocaille, au-dessus de Bénitanza.

— On reste là.

Une corniche, sous les pins, domine la mer.

En bas, planquées à l'ombre, les caravanes d'un camping me font les yeux doux. Sur une plage minuscule, des filles aux seins nus se baignent. Je soupire en pensant à Féline. Immobile, je regarde les touristes internés dans leurs tentes, ces vacanciers qui attendent, sans impatience, le retour au boulot et rêvent à la liberté de rêver à de nouvelles vacances concentrationnaires.

Kim me fait de grands signes.

Les portes arrière sont ouvertes et là, horreur... Daria, la Roumaine, s'occupe activement de Zaïm. De nature, je suis un type tolérant. Un véritable Iranien ! Je me veux même un fanatique de la tolérance, mais ça ! Non seulement, cette va-nu-pieds moldo-valaque voyage, sans payer et clandestinement, dans mon camion mais, en plus, elle l'a ouvertement transformé en bordel.

Zaïm se relève, se reculotte. Un autre Kurde s'avance et tend un billet de 10 dollars à un Roumain assis, en tailleur, à l'écart. Je vois rouge, mes cheveux se hérissent. Indifférent, le client se penche sur Daria.

J'escalade la plate-forme, saisit le Roumain par le col. L'homme valse à travers la remorque, se heurte à la paroi. Mon pied se détend et expédie le gazier sur la route.

Le Roumain se relève, avance vers le bahut. Pointée vers moi, la lame de son couteau ressemble à l'ergot armé d'un coq de combat.

Kim s'avance. Le canon de son pistolet vise un point entre les yeux de mon adversaire. L'autre s'arrête. Kim lui désigne l'horizon. Le Roumain hésite, montre la remorque et dit simplement : « Daria ! »

Je fais signe à la fille de rejoindre son coquin.

Elle se relève, me salue d'une grande inclinaison de la tête.

— Ciao, amici ! L'autre avait payé, fallait bien que je termine.

J'approuve. J'aime la conscience professionnelle.

Au bord de la plate-forme, la fille hésite.

— Emmène-moi, tu ne le regretteras pas. Je fais bien la cuisine et encore mieux l'amour.

— Impossible. Allez, file. Et bon vent !

Un long saut fait voler ses haillons et découvre des jambes au fuseau parfait.

Sans se retourner, elle salue le groupe de la main et rejoint le Roumain. Le couple s'éloigne. Ceux-là s'en sortiront. Peut-être...

Les Kurdes, debout et regroupés sur le plateau, regardent partir une fille. Une houri et des hommes ! C'est bien le moment des calembours, mais tant qu'il y aura des femmes...

J'appelle Kim.

— Contrôle le reste du convoi. Pas question de transporter d'autres passagers que tes amis. Dépêche-toi, on part dans cinq minutes.

— Mais je croyais qu'on ne roulerait que la nuit...

— Exact, mais je n'avais pas prévu les frasques de tes copains. Avant une heure, les carabiniers seront là.

Et je lui montre Daria et son Roumain qui descendent vers la mer par un chemin de chèvres.

Kim hoche la tête, fonce vers l'intérieur du camion.

— Tu peux y aller. Tout va bien.

Le Kurde grimpe dans la caisse. Je m'installe aux commandes.

Direction ? La France.

15

Michel

Chris, le copain de Péji, est venu dépanner le camion.

Un gars sympa, le Duc. On l'appelle parfois ainsi.

J'ai voyagé à l'arrière du 4 × 4 du garage, bourré de pneus neufs jusqu'à la gueule. Impossibler d'aider les hommes à changer les roues. Trop lourdes pour moi. Même eux soufflaient en transbahutant les énormes boudins de caoutchouc.

Pause. Duc allume une Gitane.

— As-tu une idée du malfaisant qui te cherche des noises ?

— Non. Je ne vois vraiment pas qui pourrait me faire un coup pareil. De plus, pourquoi m'en voudrait-on ? Je passe ma semaine sur le trimard, je charge, je roule, je dépote. Camion, boulot, dodo ! Je suis prêt pour un nouveau Mai 68.

— Tu n'aurais pas eu une histoire de fille au vinaigre ? Un amour qui se serait fait la malle en laissant une nana en consigne ?

Péji s'étouffe dans un fou rire qui n'en finit plus.

— En dehors d'une petite que je vois de temps en

temps, pour garder le moral droit et ferme, il n'y a personne dans ma vie. Quant aux copains, tu les connais aussi bien que moi. Depuis ma dérive, ils se sont faits rares.

— Elle habite où, cette pitchoune ?

— Laisse tomber, veux-tu ? Elle est prof dans un collège à Besançon et s'intéresse à la route comme toi à l'évolution des requins marteaux ou à la tectonique des plaques.

J'admire. Qu'est-ce qu'il connaît comme trucs, Péji !

— Il n'empêche que c'est un guet-apens que l'on t'a tendu là. Fais attention lorsque tu sors seul, le soir.

À son tour, Péji allume une cigarette.

— Tu sais bien que la piraterie routière a toujours existé. Demande aux assureurs combien il disparaît de bahuts chaque année. Tu seras étonné du chiffre. Je ne vais pas faire tout un fromage parce qu'un malfrat a essayé de me voler mon camion.

Il écrase son mégot, se frotte les mains.

— Allez, mec, retour à la galère.

Les hommes achèvent de chausser le mille-pattes. Boulot en silence. Une heure après, Péji reprend le cerceau. Quant à moi, je me demande si Chris n'a pas raison.

Deux jours de farniente chez Péji. Qu'est-ce qu'elle est chouette, sa maison ! Il habite une vieille ferme au bord de la Loue. La baraque a été retapée par les parents de Paul-Jacques et tient plus du chalet que de la résidence traditionnelle franc-comtoise.

Un long balcon de bois noir court sur la façade et domine une prairie qui descend en pente douce vers la rivière. En sentinelle, une colonne de peupliers souligne un sentier en vadrouille le long du courant. Pour la première fois, depuis la mort du père, je me sens bien.

Péji a rouvert une chambre et m'a installé une couchette à l'ancienne, avec des retours de noyer aux angles du lit et une couette. C'est l'été, mais je la laisse en garniture tellement elle est belle.

Mon copain m'a obligé à téléphoner à ma mère pour la rassurer. Elle ne comprend rien, Suzanne, rien à rien. Pour elle, il n'y a que Psy-le-père qui compte. Il a fallu une longue intervention de Péji pour calmer le jeu et faire qu'elle accepte de me laisser continuer mon chemin.

Au petit matin, Péji débarque en tenant en main un long étui de toile verte et un sac. Aujourd'hui, repos ! On va à la pêche.

Détente... Vrai, on a fait la fête sur un affluent de la Loue. En compagnie de mon père, j'ai parfois accompagné les pêcheurs pour sortir des civelles de l'Adour mais, avec Péji, c'est la truite, notre cible. Sacrée bestiole ! C'est malin comme une fille. Je pense à Caro, ma copine, et à ses astuces, en regardant cette tache de mercure qui file le long des rochers, tourne autour de l'appât et se tire au dernier moment. Péji a quand même réussi à en attraper trois.

— Elles me font penser à Buñuel, ces salopes. Tu sais ce qu'il disait ?

— Comment veux-tu que je le sache ? Je n'ai même jamais entendu ce nom. Buñuel ? Qui est-ce ?

Paul-Jacques me dévisage un instant.

— Tu ne vas jamais au cinoche ?

— Pas depuis qu'il y a la télé à la maison. Alors qu'est-ce qu'il fait, Buñuel ? Qu'est-ce qu'il a dit, ce gus ? C'est un routier, lui aussi ?

— Non, c'est un cinéaste espagnol, un sacré bonhomme, un homme libre. Il disait : « Le principal, c'est d'emmerder les autres, sans qu'ils sachent pourquoi. » Les truites, c'est kif-kif.

— C'est pareil pour l'attaque du camion. Tu aimes le ciné ?

Mon copain hésite.

— C'est pas bête, ce que tu dis là. Mais je ne vois pas qui me chercherait des histoires. Quant à l'écran, oui, je l'aime passionnément. J'ai même fondé, avec des potes, un ciné-club, il y a bien longtemps.

Il rêve un instant.

Casse-croûte. J'ai eu droit à une giclée de vin jaune.

— Je parie que tu ne connais pas le vin d'Arbois ?

Effectivement, je ne connaissais pas. C'est chouette.

Malgré, ou à cause, de tout le plaisir de la journée, j'ai fait un sacré cauchemar, cette nuit-là. Un de ces rêves qui commencent bien et finissent mal. J'ai beau n'être qu'un novice en matière de cinoche, je n'ignore rien du happy end. Ils sont rares dans les rêves. Sauf lorsque l'image de Sandra vient me hanter la nuit...

La lune se lève. Collé à la fenêtre, je regarde le jardin faire le plein de ses magies et de ses mystères nocturnes. Une femme arrive, venant du sentier, suivie par un homme habillé d'un blouson de toile. Un béret noir couvre les cheveux de sa compagne.

Le couple s'arrête près de la rivière. Sans un mot, la fille désigne la maison. L'homme prend la direction du hangar où Péji a garé la remorque. Le tracteur n'est pas là. La journée de repos a permis à Duc d'examiner le moulin et de le régler. Toujours cette histoire de consommation excessive et Paul-Jacques, c'est un maniaque lorsqu'il s'agit de son bahut.

Le type au blouson tourne autour du frigo, l'examine sous toutes les coutures. Il se glisse même dessous.

La femme arrive et s'adosse contre un pilier du hangar. Elle regarde. C'est tout.

Machinalement, elle passe sa main sous sa coiffe et lisse ses cheveux. J'entrevois un reflet roux dans la clarté lunaire qui maquille le jardin d'un fond de teint laiteux... Et tout de suite, je réagis comme si c'était Sandra qui se tenait là. Je repense au corps de cette fille et ma fièvre monte. Je pourrais, peut-être, en parler à Péji. Lui, n'est pas mon père, il comprendrait...

Je me suis réveillé tard.

Péji m'a tendu un bol de café au lait.

— Tu n'as qu'à croire que tu es à l'hôtel, m'a-t-il dit, l'œil rigolard.

— Ah bon... Ce n'est pas vrai ?

Il rit.

— Ah, dis-moi, tu es somnambule ?

— Pas que je sache. Pourquoi ?

— Je t'ai trouvé à l'aube endormi sur le canapé du salon. Tu ronflais si bien que tu ne t'es même pas réveillé lorsque je t'ai porté dans ta chambre.

— J'ai fait un cauchemar, cette nuit. C'est peut-être ça.

— On fait tous de mauvais rêves. Plus de vin pour toi. Autre chose... La semaine prochaine, je t'emmènerai à Combloux. Je me suis arrangé avec un collègue pour qu'il prenne ma tournée durant quelques jours.

Je décolle du lit et lui saute au cou. Il paraît tout ému, le grand Paul-Jacques.

— Tu restes ici, ce matin. Occupe-toi un peu du jardin. Je file chercher mon tracteur. Duc viendra me prendre dans une demi-heure.

Péji sur la route, je descends à la rivière et reste très longtemps à regarder l'eau se baguenauder sous les branches. C'est bon, la vie comme ça.

16

Paul-Jacques dit Péji

Il est sympa, ce gamin, avec sa gueule grave, ses yeux foncés et ce regard qui voit au-delà des apparences. C'est rare à son âge. C'est bien ce qu'il fait pour son paternel. J'aurais aimé qu'un enfant, si j'en avais eu un, fît une route pareille pour moi, pour poser une fleur sur une souche ou une pierre.

Dommage... Un gosse m'aurait rendu heureux. Un fils, bien sûr. Pour les filles, je ne connais pas le mode d'emploi. J'entends dans le sens paternel.

Ah, si les hommes étaient hermaphrodites... Féline n'aurait pas fait cette tête-là lorsque je lui ai proposé de faire un petit. Elle m'a regardé, jaugé, détourné les yeux.

— Pourquoi veux-tu faire un enfant ? Tu ne trouves pas qu'il y a assez de cons sur la terre ?

Avec Féline, rêver n'était qu'un rêve. Dans le genre imprévisible, personne ne lui arrivait à la cheville. Elle a débarqué un soir, tendue, le visage cadenassé, le regard bouclé sur ses fantasmes. Il devait faire noir dans sa tête, une nuit d'enfer.

— Je suis enceinte.

Je l'ai soulevée du sol et j'ai esquissé une danse en la serrant contre moi. De la cave, j'ai remonté une bouteille, rempli deux verres. J'ai levé ma coupe et bu au mythe.

— Au bonheur !

Elle n'a pas touché son verre.

— À quel bonheur bois-tu ?

— Au nôtre ! Au bébé !

C'est tombé comme une détonation.

— Je ne suis pas enceinte.

Réellement, je crois qu'elle est folle. Hélas, la folie de l'autre n'atténue pas l'amour. S'il n'existait que des hommes *normaux* pour n'aimer que des femmes *normales*, il ne resterait plus un pékin pour cultiver la fleur bleue.

Féline... Je la croyais disparue pour toujours, mais l'arrivée de ce gamin déclenche en moi des vagues de regrets.

Je serre les poings. Allons, tu es guéri, tu le sais bien. N'empêche... Je vais me remettre à la boxe. J'ai pratiqué dans le temps, et c'est ainsi que j'ai rencontré le Duc.

C'était juste avant mon départ pour l'armée et je participais à un championnat régional amateur.

Bien sûr, Féline m'accompagnait.

1er round... Je fais face et tiens mon adversaire à distance. Pas un débutant, ce gus, avec ce jeu de jambes virevoltant comme une double toupie. Attention !

Gong ! Reprise ! L'autre appuie ses coups. La

salle hurle, réclame du sang. Je sens quelque chose de chaud qui dévale sur ma joue droite sous l'œil. Ma pommette vient de s'ouvrir.

3e round... Je me bats comme une bête et envoie mon front dans le nez de Chris. Avertissement de l'arbitre.

La salle, debout, ondule. J'entrevois le visage de Féline au premier rang. Ce n'est plus qu'un maquillage blanc imprimé sur le halo des lampes. Elle se mord les poings, ses traits n'existent plus, seulement ces dents qui mordent dans les mains fermées. Je ne vois plus qu'elle et j'oublie une seconde, une seconde seulement, que je suis sur un ring. Droite, gauche. L'autre double ses coups. Droite, gauche. Les gants de Chris m'ont cueilli au foie et au menton.

Je me suis réveillé au vestiaire.

Chris est venu prendre de mes nouvelles. Je l'ai revu plus tard, à l'armée.

Douché, soigné, un sparadrap sur la pommette recousue, de retour à la maison, Féline m'a montré ce que pouvait être une femme... La tendresse en plus. Quelle nuit...

Oui, je crois qu'elle est folle. Elle ne m'aimait que lorsque j'étais à terre, battu, saignant, humilié. Ce n'est que lorsque je devenais une carpette à piétiner que mon ex déboulait pour me consoler.

— Tu as des yeux de cocker, m'a-t-elle dit, le soir du match. On dirait du miel.

J'ai parlé d'acheter un chien et j'ai reçu un cendrier à la tête. Dans l'état où j'étais, un sparadrap de plus n'a attiré l'attention de personne.

Le moulin du tracteur tourne comme une horloge.

Je reviens au village, entre dans le hangar. J'attelle la remorque et mets en route le compresseur de froid. Je règle l'engin au maximum. C'est du surgelé, mon prochain chargement.

Voilà Michel.

— Ne m'attends pas pour dîner, je rentrerai tard. Tu as de quoi dîner au frigo. Tu sais réchauffer un plat, oui ?

Le gosse sourit, m'accompagne au bahut. Vérification rapide. Coup d'œil sur l'attelage, les chaussettes gonflées à bloc. Tout est O.K.

Michel me guide pour sortir du hangar. J'ai fait ça des centaines de fois et j'ai l'impression que j'y arriverais les yeux fermés en cas de nécessité. Mais le gamin a l'air tellement heureux de me rendre service que je laisse faire.

Salut de la main. La route se déploie devant moi jusqu'à l'horizon.

17

Franz

Sur les hauteurs, entre Vado et Savona, la montagne se creuse de percées dans la caillasse des parapets, véritables meurtrières ouvertes sur des rocs roux amarrés à des cyprès noirs avec, pour écrin, à l'horizon, des flaques de Méditerranée aux camaïeux de bleu, de mauve et de vert, posés comme un dallage de mosaïque liquide.

Une série de virages serrés me fait oublier le paysage. En contrepoint, à la sortie du dernier tournant, une voiture grise de carabiniers, garée en travers de la route, me ramène au réel. Fin du voyage.

Ils sont quatre. Le moteur de la Fiat de police tourne et largue, en zigzag, un filet de fumée qui module à mon égard un signe d'ironie.

Trois des hommes s'éjectent de la voiture. Le quatrième reste au volant et fume une cigarette.

Salut. Contrôle.

Coup d'œil sur mon passeport. Ils ne demandent pas celui de Kim.

Visiblement la paperasse ne les intéresse pas.

Curieux, ces flics. Leur voiture est sale et porte une large éraflure sur le flanc gauche. Un des gardes est chaussé de baskets, l'autre n'a pas d'insigne réglementaire.

— Ouvrez le camion.

Deux hommes grimpent sur le plateau. Le troisième braque sa mitraillette sur Kim et sur moi. Je suis collé à la paroi intérieure de la portière déployée.

Les gardes s'ouvrent un passage entre les balles de peaux de mouton et découvrent les armoires. Un à un, bras levés, les Kurdes sortent.

Le chef du détachement me fait signe, ainsi qu'à Kim, de le rejoindre. De la route, la mitraillette pointée ne perd aucun de nos gestes ou mouvements.

— Déshabillez-vous !

Je proteste en italien.

— C'est illégal. Je ne vous permets pas de...

— Ta gueule ! La loi, c'est moi. Allez, déloquez-vous ! Plus vite que ça !

— Et les droits de l'homme ?

La réponse arrive en français, accompagnée d'une bourrade qui m'envoie dinguer contre la caisse du bahut.

— Connard ! T'iras te plaindre à l'ONU.

J'enlève lentement ma chemise. Les Kurdes défont leurs fringues à la même cadence lente, très lente même. Sont pudiques, ces gens-là.

— Plus vite que ça !

L'ordre est accompagné d'un coup de crosse qui envoie Zaïm contre la paroi.

Les vêtements forment un tas noir d'où sort une odeur de fauve.

Le conducteur de la Fiat se pointe à son tour avec un énorme sac-poubelle, le déploie. Il examine chaque pièce de vêtement, la fouille. Tout ce qui lui semble avoir de la valeur, billets de banque, couteaux, bijoux, briquets, file dans la panse de plastique bleu.

Cette fois, j'ai compris. Kim aussi, d'ailleurs. Si ces gars-là sont des carabiniers, alors moi, Franz Speichers, je suis Garde Suisse, au Vatican, sous le pontificat de Pie V.

Des pirates de la route, voilà ce qu'ils sont, mes soi-disant flics. Jusqu'à maintenant, c'était les trains de nuit, leur terrain d'action. C'est bien. L'Europe est en marche. Bientôt on ne se déplacera plus qu'en convois escortés de destroyers. Oh, où va-t-on si on ne se respecte plus entre truands ? Décidément, le sens moral sc perd. Autre chose me tracasse. Comment sont-ils tombés sur nous ? Par hasard ? Où Turzim a-t-il lâché tout son réseau à notre poursuite ?

Le sac se remplit. Je n'aurais jamais pensé que mes Kurdes avaient tant de fric sur eux.

— Avancez, un par un. Penchez-vous en avant. Creusez vos reins !

Chacun a droit à la fouille habituelle des prisons lorsque les matons examinent les nouveaux arrivants. Faut dire que c'est assez intime comme consultation.

Un des faux flics s'attarde un peu et provoque les lazzis de ses compagnons.

— C'est un amateur, Paolo. Oh ! Où tu vas... Invertiti ! Tepisti ! On n'a pas de temps à perdre !

Le carabinier aux baskets s'empare du sac, saute sur la route. Du pied, le gradé pousse le tas de vêtements sur le bitume et le disperse à tous vents. Sans hâte, il presse la valve d'un des pneus et le vide de l'air qu'il contient.

La Fiat démarre.

Nous formons un drôle de troupeau, tous nus sur la route sous ce soleil qui cogne. Chacun cherche les vêtements qui lui appartiennent.

Kim, habillé, me rejoint.

— Il faut les retrouver. En France, sans argent, nous n'existerons plus.

— Rassure-toi, mon pote, avec de l'argent non plus.

— C'est ton point de vue. Moi, j'ai une mission à remplir, amener mes compagnons à destination. Est-ce que tu crois que c'est par sympathie que je t'ai dit, à Lazio, où tu pourrais retrouver le camion volé ?

Salaud ! Il m'a manœuvré, ce sauvage !

— Elle consiste en quoi, ta mission ?

— Moins on en sait, mieux on se porte.

— Tu as vu qui a volé le camion ?

— Oui, Gino, l'hôtelier.

Je pousse un hurlement.

— Tu ne pouvais pas me le dire ?

— Te le dire ? Pourquoi ? Nous sommes amis ?

Tu es payé, et cher, pour nous emmener en France. Notre amitié s'arrête là.

Le long poignard kurde brille dans sa main.

— J'ai réussi à le planquer. Je connais les polices occidentales et je sais que pas un gradé ne tolérerait que ses hommes fument durant une mission. C'était des faux, tes cognes. Maintenant, il faut les rattraper.

— Inutile. On n'y arrivera pas. Comment veux-tu que je récupère une bande de truands italiens dans un coin où je ne connais personne et où l'approche des flics, les vrais, nous est interdite ? Notre prochaine étape se situe à Sealza, au-dessus de la frontière française. Là, un guide du réseau Turzim vous fera passer à pied, par la montagne. En attendant, aide-moi à démonter le pneu à plat. Je ne tiens pas à moisir ici.

La roue changée, les Kurdes remontent dans la caisse, encore plus tristes et plus maigres, me semble-t-il, que d'habitude.

Le camion roule.

L'attaque de la diligence nous ôte nos dernières chances d'arriver à bon port. Le moindre barrage de routine nous conduira à la catastrophe. Cette fois, je n'ai plus de papiers. Pas le moindre carton, bristol ou plastique attestant que je suis Franz Speichers, de nationalité française, fils d'Eugène et de Lucienne-Marie Gothelf, honorable famille de Schiltigheim dans le Bas-Rhin, titulaire du permis de conduire n° X.Y.Z. Belle époque ! On peut survivre sans vêtements, sans boulot, sans logis, sans amis, sans dieux, sans chaleur et sans tendresse. Pas sans papiers.

Sur la droite, un bouquet de pins serrés me propose une ombre apaisante dans cette rocaille érodée. J'oblique vers le boqueteau et me range sous l'œil interrogateur de Kim.

— On terminera cette nuit. Au moindre uniforme, nous serons bouclés. Je n'ai même plus de permis de conduire.

— En Occident, vous attachez trop d'importance à la paperasse. Chez nous, on négocie mieux. Ce n'est pas pour rien qu'on coupe la main des voleurs. Ça évite d'avoir des codes à traîner et des avocats à entretenir. C'est ça, la justice.

— Et lapider la femme adultère, c'est aussi éviter la paperasse ?

— Évidemment ! Regarde ce que dure un divorce à l'Ouest. Avec un bonus ! Liquider une épouse infidèle rend, en plus, le mari trompé heureux. Tu gagnes du temps et tu apportes le bonheur, voilà !

— En somme, le meurtre par la joie, c'est aussi l'Orient ?

— Comme tous les Européens, tu schématises. Vous êtes incroyables, vous autres ! Vous avez tout inventé, tout : les bagnoles, le soutien-gorge et le remonte-fesses, les avions, le zyklon B et l'atome, le camembert au lait cru et la pénicilline, la vérole et l'Inquisition, et vous n'êtes pas foutus d'être un peu subtils.

— La vérole est américaine.

— S'il n'y avait que la vérole ! Il ne vous manque qu'Allah et le bakchich pour être acceptables.

— Tu crois qu'avec tes discours je vais te faire passer la frontière ?

— Avec l'aide de Dieu et de ça, oui.

« Ça », c'est son poignard, et j'avoue que j'ai connu des choses plus réjouissantes à regarder.

— En attendant, faut qu'on trouve de l'eau, et gratuite tant qu'à faire.

Les Kurdes font cercle autour de nous. Je leur trouve un drôle de regard lorsqu'ils me dévisagent. Tas de cannibales ! Va falloir que je récupère mon arme planquée dans le camion.

Je file sous les arbres et m'offre une sieste. Si je pouvais joindre Féline, elle m'enverrait un peu d'argent et viendrait, peut-être, me chercher à la frontière.

Lorsque j'ouvre les yeux, je vois les Kurdes dormir eux aussi à l'ombre des pins. Le camion est là, à l'abri, isolé. C'est le moment ou jamais. Je file dans la cabine, me penche sous le tableau de bord.

— Tu cherches quelque chose ?

Kim est là, en compagnie de Zaïm, sa copie conforme.

Un geste vers son équipier fait plonger l'autre sous les cadrans. Il tâtonne, arrache des morceaux de chatterton et émerge avec mon colt au poing.

Le Kurde me fait signe de me pousser et explore longuement les dessous mystérieux de mon poste de conduite.

— Ça va. Tu es sûr qu'il ne cache rien d'autre, ton camion ? Ce n'est pas un Renault, c'est une pochette surprise, ce bahut.

L'image de Turzim refait surface dans ma mémoire.

— *Qu'est-ce que tu veux qu'il contienne d'autre qu'une bande de Kurdes en déroute ?*

La phrase résonne, vibre dans ma tête : « *Qu'est-ce que tu veux qu'il contienne d'autre...* »

18

Franz

Je n'attendrai pas la nuit pour repartir.

Il suffit d'être aux abois pour percevoir les choses comme le font les animaux, et j'entends s'élever dans l'air tiède un rugissement de moteur en surrégime, un hurlement de pneus torturés dans un virage, le grincement des vitesses rétrogradées en catastrophe. Il a le feu ou le diable au cul, le gars qui mène ce carrosse. La voiture grise des faux carabiniers s'incruste dans le paysage et trace une courbe ascendante qui file droit sur nous.

Aucune confusion possible. La portière gauche balafrée ne trompe pas. De plus, au volant, je reconnais la tête du gus aux baskets.

Le tacot attaque les lacets qui grimpent de la mer. Derrière lui, une Mercedes grise arrive en bolide. Mon cœur explose. Il dit : Grouchy ! C'était Turzim ! C'est bien le moment de faire du sous-Hugo.

Je remets le contact. Le moulin tourne dans un ralenti soyeux.

Kim, non plus, ne perd rien de la scène.

— Tu vois ?

Je devine plus que je n'entends vraiment sa question.

La Mercedes, à son tour, attaque la grimpette et s'encastre dans les tournants qui dévalent vers la mer. Pas de doute, les truands ramènent Turzim sur nous. Décidément, il possède un sacré réseau, le Turc.

Je démarre.

— Où vas-tu ? hurle Kim.

— Dans le sens opposé au danger. Plus il y aura d'espace entre Turzim et nous et mieux ça ira pour notre avenir.

— Halte !

— Va te faire foutre !

Une lame se pointe sur mon cou, juste sous le maxiliaire.

— Halte ! On a laissé deux gars sur la route !

Décidément, ce mec est un vrai papa gâteau pour ses copains. Comment dit-on *Père Noël* en kurde ? Non, il n'existe pas chez eux ! Est-ce que ces sauvages ont seulement des enfants ? Ils doivent se reproduire par scissiparité et devenir adultes dès la naissance, tenant un couteau d'une main et un faux passeport de l'autre.

Coup de frein. Le bahut attaque le bas-côté. Dans le rétro, je vois deux silhouettes filiformes entamer le sprint final d'un 400 mètres olympique.

Kim saute en voltige et se précipite pour ouvrir l'arrière du camion.

Je n'aurai jamais plus une occasion pareille. J'appuie comme une bête sur la chanterelle. Les roues patinent, les 30 tonnes du piège dérapent, les boudins tournent à vide, mordent l'asphalte.

À l'arrière, Kim reçoit de plein fouet le battant de la porte. Le rétro n'est plus qu'un écran de télé d'où émerge la forme élancée de Kim valsant dans l'espace avant de s'aplatir sur le bas-côté. Les autres zombies réussissent à éviter le smash de la portière et se précipitent vers le corps allongé.

Je n'ai jamais conduit comme ça. D'habitude, je ne suis pas mauvais au bout de bois. Mais là, je me surpasse. Mon cerveau a pris totalement possession du volant. Je ne suis plus un routier mais un morceau d'acier et de bois incorporé à ma caisse. Virages, dérapages, contre-braquages. La bête hurle, glisse, feule, se redresse, frôle le ravin, arrache une partie de la route avec un boudin dans le vide qui tourne comme une hélice. Elle geint, ronronne. C'est Féline que je monte, que je mate, et elle en rajoute, en redemande. La route arrive sur moi, m'envahit, me colle ses tournants en pleine gueule, entrouvre sa robe de bitume noire pour dénuder le ravin qui m'attend, coiffé de la cascade de fer et de tonnerre que je déclencherais si... Son et lumière ! Mais non, je ne le rate pas non plus, celui-là ! Enfin, un faux plat me permet de calmer le jeu. Une grande claque de métal retentit à l'arrière. C'est la portière béante qui fait des siennes.

Pour la première fois, depuis le début de ma chevauchée, je me souviens de mes passagers bouclés dans les placards.

Je souris. Ils doivent être frais et roses, ceux-là. Je

les hais, soudain. Je voudrais ne retrouver que leurs cendres.

Stop ! Je m'empare de la barre de cric et ouvre les armoires.

— Dehors ! Tous !

Un à un, ils émergent, hébétés. Zaïm se frotte l'épaule gauche, un autre avance en boitillant, un troisième saigne du nez. Forcément, se faire transbahuter dans un poids lourd, comme je viens de le leur imposer, ne ressemble pas à une croisière dans l'Orient-Express.

Je leur désigne le bas-côté et cours vers la cabine.

Ça roule ! Enfin seul...

Pour la première fois, depuis Istanbul, je me surprends à chanter une vieille chanson de l'armée, juste un peu graveleuse, comme il se doit.

J'abandonne la côte et ses flots maquillés de bleu sombre. Direction ? Le nord. Je suis enfin libre de choisir ma route. Je passerai la frontière à Olivetta San Michele et, de là, schuss sur Sospel.

Je chantonne toujours en pensant à la façon dont j'ai largué Kim et ses boys et j'attaque la montée qui mène à la vallée de la Roya.

La route rétrécit encore. Quelque chose de vague me revient à propos du Kurde, un lambeau de phrase... *« pochette surprise, ce bahut... »*

Haussement d'épaules. Sûr qu'il cache quelque chose, mon vieux Renault. Je ne vois pas Turzim faire sa balade uniquement pour le plaisir de savoir si j'ai bien livré sa cargaison de viande. Le moteur chante « ... *C'est une pochette surprise, ce bahut...* »

Pas le temps de vérifier. Je verrai plus tard. Le rythme s'amplifie : « *...po-chet-te-sur-pri-se... po-chet-te-sur-pri-se...* » Ce n'est plus un diesel qui cogne à plein régime, mais un orchestre déchaîné avec des cuivres poussés au maximum dont les brames grimpent, me cernent, m'envahissent et me couvrent d'une capuche hystérique : « ... *po-chet-te-sur-pri-se !...* »

Je verrai plus tard, plus tard... D'abord rejoindre la frontière. Plus tard, le camion.

Impossible de résister à la pression. Le vaudou a pris possession de mon corps, de ma tête. Je repère un dégagement sur la droite, escalade une grimpette, me range sous les arbres. Je perds un temps précieux. Tant pis.

La caisse à outils me délivre burin, tournevis, marteau.

— Allez, Sésame, ouvre-toi !

J'avais une mère qui adorait les contes de fées et les légendes des *Mille et une nuits*. Excellent programme avec Féline. Dix mille nuits... plus une, celle de ma mort. Dans ses bras, bien entendu.

En attendant, je transpire sang et eau pour éjecter les balles de peaux de mouton sur l'herbe. La fatigue commence à mordre en moi, et je me sens liquéfié lorsque j'attaque mes recherches proprement dites.

La première cache possible, c'est le plancher. Commençons par là.

— Allez, mon petit bahut, montre à Ali Baba ce que tu caches dans ta jolie carcasse.

Je sonde, cogne, perce. En vain. Autant sonder, cogner et percer une outre pleine de vent.

19

Franz

Trois heures durant, je tâtonne, ausculte, dévisse, remonte et frappe. Je ne suis plus qu'un percussionniste, un drummer fou, qui fait vibrer sa caisse dans l'espoir d'en sortir un objet magique inconnu des Turzim, Kim et autres clandestins.

J'ai faim et soif. En contrebas, sur la route, une station-service-buvette m'invite à me désaltérer. Les outils posés, je dévale par un verger planté de pruniers, des perdrigons à la peau rouge sombre, et me gave de fruits. Mes forces reviennent.

Près de la pompe à essence, une Fiat Uno fait de la figuration.

À la buvette, le pompiste officie, aussi, comme serveur. Trafic à peu près nul. Depuis le début de ma halte, seules deux voitures se sont arrêtées pour prendre du carburant. Le troquet désert me rappelle un sauna avec ce soleil en délire sur l'auvent de plastique.

— Il est à vous, le camion là-haut ?

Dans ma hâte à vouloir examiner le Renault, j'ai commis une imprudence énorme. De la route, en contrebas, on ne perd rien de la vue du mille-pattes posé dans la grimpette comme une sculpture sur un buffet.

— Oui, c'est mon bahut. Pourquoi ?

— Vous êtes en panne ?

— Oh, rien de grave, c'est réparé.

— Voulez-vous boire quelque chose ?

— Une bière. Bien fraîche, s'il vous plaît.

— Dépêchez-vous, me dit-il en riant, votre camion s'en va tout seul.

Homme-fusée, j'émerge du bistrot et sprinte vers le petit chemin. En effet, la caisse roule, mais ce n'est pas un gros-cul fou qui descend vers la nationale. Apparemment remis de sa blessure, Takis, raide, mène mon Renault. Près de lui, Turzim me désigne du doigt.

Impavide, je m'installe au milieu du chemin. Il a trop besoin de moi, le Turc, il s'arrêtera bien.

Sans un énorme saut vers le fossé, je devenais, pour l'éternité, partie intégrante de la route.

— Fumier !

Il n'a pas pu m'entendre, mais je l'aperçois, hilare, dans un dernier tournant.

La poussière retombe. Je suis seul, dans une région paumée d'Italie, sans un centime en poche, avec pour toute espérance un champ de pruniers aux fruits pas complètement mûrs. Manquerait plus que j'attrape la colique. À moins que les arbres n'appartiennent au pompiste. D'ici qu'il me tire dessus, celui-là...

Da sa terrasse, il me regarde. Je ne vais pas rester

là à attendre la fin du déluge. J'émerge de mon cauchemar éveillé et descends vers la station-service.

Sans un mot, l'Italien me tend une bouteille de bière décapsulée. Je remercie d'un signe et bois au goulot.

Du doigt, le pompiste-bistrotier m'indique, dans un angle de la pièce, un combiné téléphonique.

— Pour les carabiniers, faites le 77-77.

Peuvent rien pour moi, les flics, fussent-ils authentiques, cette fois. Sans hésiter, je compose le 33, indicatif international de la France et appelle Féline. Miracle. Elle répond à la première sonnerie.

Sans tenir compte du fait que l'Italien comprend, peut-être, le français, je résume mes aventures à Féline.

— Où es-tu ?

— En face de Sospel, côté italien, près d'Olivetta. Viens me chercher.

— Comment veux-tu que je vienne ? C'est le bout du monde, ton truc.

— Prends l'avion pour Nice et loue une voiture. Tu peux être là demain, sans problème.

— Oh, piano ! Après tout, c'est ton boulot. Ce n'est pas mon problème, ton trafic de barbaque.

Adorable bonne femme !

— D'accord, c'est mon affaire, mais je suis désarmé, sans papiers et sans argent, avec un tueur à mes trousses. Viens !

— Un tueur après toi ? Pour tuer quoi ? Mais tu ne vaux pas un clou, mon bel amour, pas un maravédis, pas un fifrelin, pas un dirham ! Un tueur ? Il s'agit sans doute d'un tueur fou.

Son rire résonne dans le récepteur avec une telle intensité que je l'écarte de mon oreille.

— Mon patron est persuadé que mon camion contient quelque chose de grande valeur. Il s'est mis dans la tête que je suis le dénicheur du schmilblick et que je cherche à le garder.

— Et ce n'est pas vrai ?

Au lieu de l'insulter, je l'ai implorée, oui, implorée.

— Viens, ma Féline, viens, je t'en prie.

— Arrête, tu vas me faire pleurer ! Primo, je ne suis pas *ta* Féline, comme je n'ai pas été celle de mes parents. D'autre part, je ne te dois rien, même si tu tiens ta place au lit. C'est moi qui choisis, c'est moi qui décide, c'est moi qui élimine. Et tu es éliminé, pauvre cloche !

— Féline... Le Turc me tuera.

— Rien du tout, ces Turcs ne sont que de grandes gueules, encore plus molles que toi. Inutile de me téléphoner de nouveau, je vais faire changer mon numéro, aujourd'hui même. Adios, amore mio !

L'Italien fait semblant d'essuyer les verres. J'achève ma canette de bière. Cette fois, je dépose mon bilan : plus de camion, plus de femme. Très lentement, je me masse la nuque, comme si j'avais une bosse douloureuse en formation. Je me demande, finalement, si tout le charme de Féline, son extraordinaire séduction, ne vient pas, d'abord, de sa violence.

Je me souviens d'un incident, lorsque je vivais chez elle, après sa séparation avec Paul-Jacques.

Sur la table de nuit, près du lit, trônait une photo encadrée de Péji en boxeur K.O. Un superbe cliché, sous verre, du mari de service étalé sur un ring et attendant les âmes charitables qui transporteraient ses restes au vestiaire.

— Tu vois, m'a dit Féline, ce soir-là, je l'ai vraiment aimé. Il était beau.

Pour être beau, il l'était ! Le cliché grossissait le grain de la peau martelée. La sueur brillait en rigoles sur les joues. Le protège-dents, éjecté sous le choc, laissait entrevoir une bouche grande ouverte à la recherche d'une bouffée d'air. Les yeux fermés formaient des ovales de gisant.

Avec un de ses crayons de maquillage, Féline a passé au noir la bouche de Péji. L'émail des dents devenait une annonce de décès. Cette nuit-là, j'ai eu peur d'elle.

J'avance vers la porte du bistrot. La route est vide.

Le pompiste me suit, inquiet pour sa note. À sa place, je le serais aussi. Il m'est déjà arrivé d'être fauché, mais jamais à ce point. J'ai une idée : et si je payais en noyaux de prunes. Non, je crois qu'il n'apprécierait pas.

Il aime encore moins la suite lorsque je passe à l'action. Saisi par le col, je l'entraîne vers le fond du café.

Sa cinquantaine contre mes vingt-sept ans ! Pas de doute, l'âge, ça ramollit. Tiré, poussé, l'Italien entre dans un cagibi derrière le comptoir. Bizarre, il n'a pas l'air d'avoir peur.

Je lui fais les poches. Rien. J'enlève sa ceinture et lui lie les poings. Le cordon du téléphone sert à ficeler les jambes. De quoi prendre un peu d'avance si quelqu'un intervenait.

Ruée vers la caisse de la station-service. Je ramasse une poignée de lires. Le maximum de la recette semble fait de tickets de cartes de crédit. Invention diabolique ! Je risque des années de prison pour un braquage minable et il ne sert, en fait, qu'à aider des inconnus à vivre à tempérament.

Quelle époque !

La Fiat Uno n'a pas bougé. Avec ses clés au tableau de bord, je suppose qu'elle appartient au tôlier de la buvette.

Embarquement immédiat. Pied au plancher. J'entame la montée vers la frontière.

La Fiat escalade les raidillons de la route, crantée comme une chevelure avec ses faux plats et ses plongées brutales vers des abîmes sans fond. Pas le temps d'admirer le paysage. Un panneau scintille et m'illumine de plaisir : *France, 12 km.*

Sur la gauche, quelque chose d'autre brille aussi. J'entame une large courbe et aperçois le Renault abrité sous l'auvent d'un petit bâtiment. C'est lui, c'est mon vieux bahut qui étincelle ainsi et m'interpelle de tous ses chromes.

Sans hésiter, je gare la Fiat dans un chemin creux qui mène à une cour de ferme installée à flanc de colline. Je manœuvre le pot de yaourt et le place dans le sens de la grande route.

Fouille du coffre. Je ne déniche qu'une clé à

molette. Mon colt serait certainement plus efficace mais faute de grive... Cette fois, il n'y aura pas de quartier. On va s'expliquer avec Turzim. Un combat de gladiateurs. Les jeux du cirque. Mais moi, après ma conversation avec Féline, je ne joue plus. Je crois que je ne jouerai plus jamais.

La route franchie, je me colle contre un arbre. Je ne suis plus que Geronimo sur le sentier de la guerre. Oui, Féline, c'est vraiment la guerre, avec un ordre sans réplique : pas de prisonniers !

À la lisière des arbres, le camion ressemble à une tirelire géante abandonnée là par un gosse négligent.

J'avance de tronc en tronc, prêt à bondir, comme un animal en chasse. À moins que ce ne soit moi, le gibier. Attendre... attendre et voir... J'entends, plutôt. Un moteur. J'ai trop l'habitude de la route pour ne pas l'identifier immédiatement : un ronronnement de Mercedes. Oui, Turzim entre en scène. Sa voiture vire à l'entrée du chemin et vient se ranger le long de la belle-mère.

Planqué derrière un arbre, j'attends.

Turzim s'éjecte, suivi de Takis. Le marin n'a plus qu'un léger pansement à l'épaule. Le Turc a l'air fatigué et les taches de son chloasma paraissent plus grandes sur ses traits tirés.

Arrivé près du camion, Turzim frappe du poing sur la porte arrière. Le bahut s'anime, et je ressens physiquement la vibration du métal.

La portière se rabat. Une silhouette saute. C'est

une femme : Daria. Cette pute roumaine que j'ai ramassée par erreur. J'aurais dû m'en douter. C'est le genre d'animal qu'il ne faut jamais laisser en vie derrière soi.

À leur tour, des hommes s'éjectent du mille-pattes. L'équipage au complet... ou plutôt ce qui en reste. Je retrouve Kim, son pote Zaïm et huit Kurdes aussi décharnés que d'habitude. Où sont les autres ? Morts ? Je m'en moque. Je ne veux que mon bahut et rentrer chez moi.

Le groupe se rassemble autour de Turzim et de son acolyte. Le Turc parle, raconte quelque chose que je ne comprends pas, désigne du doigt un point dans la montagne.

Vacarme de moteur. Une Honda 500 déboule dans le champ et se gare contre la maison. Un homme casqué se dirige vers le groupe. Nouveau conciliabule. Le motard approuve.

Takis grimpe dans le camion et le dirige vers un hangar à l'arrière du bâtiment.

Le motard ôte son casque. Dieu, qu'il est laid ! Il a tout du mandrill, ce gus, avec son grouin rouge et les veinules bleues de sa face. Il rassemble le groupe de Kurdes. Kim joue les interprètes et montre, lui aussi, la ligne brisée de la montagne toute proche. La France est là, à toucher, au bout des doigts du clandestin.

Si j'ai bien compris, le motard va servir de guide et faire passer la frontière aux Kurdes. À pied, bien entendu. Je connais la région et j'aime mieux être à ma place qu'à la leur, malgré Takis et tous les Turzim du monde. Entre les patrouilles françaises et italiennes, entre la caillasse des thalwegs, les gouffres, les ravins et les à-pics inattendus, ce passage tient plus de la barrière d'Enfer que des Champs-Élysées.

Les hommes s'alignent, marchent. La colonne s'étire, s'éloigne.

Turzim rappelle Daria. La fille revient en arrière. Le Turc lui tend un billet vert qu'elle empoche sans un mot et repart en courant vers le groupe en marche.

Ainsi, c'est elle le Judas, en jupon, qui a permis à Turzim de me retrouver. Exit, les Kurdes. On va pouvoir s'expliquer entre hommes si tant est que Turzim en est un. Je fais un pas vers Double Airbag et m'écroule dans l'herbe, assommé. Nouveau coup. Les plombs sautent. Bonne nuit, le petit...

J'ouvre les yeux dans une pièce inconnue, garnie de quatre tables de bois et d'un comptoir de troquet. Je suppose que mes agresseurs m'ont transporté à l'intérieur de la maison. Avec les volets rabattus et les fenêtre closes, il fait une chaleur de four là-dedans. J'apprécie l'eau que quelqu'un me balance au visage.

Ils sont trois. Aux deux compères gréco-turcs s'est joint un jeune d'une trentaine d'années qu'ils appellent Marco, le patron de la maison où nous sommes, me semble-t-il.

Turzim attaque le premier.

— À Rijeka, tu prétendais ne pas savoir où se

cachait le camion et son voleur et tu m'as mené dans un guet-apens où Takis a failli laisser sa peau. De plus, tu m'as obligé à mobiliser toute l'organisation italienne et, désormais, je passe pour un jobard. Sans Paolo, et ses carabiniers, je ne retrouvais pas la piste. Alors, écoute bien... encore un mensonge, une sornette, une seule, et je te coupe une oreille. À chaque bobard, tu laisseras sur la table un morceau de ton corps. Les oreilles d'abord. C'est impressionnant, ça saigne beaucoup. Ensuite, viendra le nez, puis, les doigts et la queue pour finir. Mais tu parleras avant, j'en suis sûr. Vu ?

Oh, oui ! Je vois.

Ils ont des gueules à faire peur à des serpents à sonnette. Turzim a perdu du poids dans son équipée ; Takis me semble plus pâle que lors de notre dernière rencontre. Au diable, leur bulletin de santé. Marco, le troisième larron, joue avec un couteau ouvert dont il se sert pour se nettoyer les ongles. Une méchante lame de quinze centimètres de long. L'Italien possède une face de faux-jeton, à ne pas rencontrer même dans un cauchemar, exactement le visage du type qui te prend ta femme et te la revend après usage.

La voix de Turzim s'élève d'un cran.

— Qui a volé le camion ?

— Gino !

On dirait que j'ai marqué un point. Il s'approche de moi, tout près, me saisit par la chemise.

— Gino ? Tu en es sûr ?

— C'est Kim qui me l'a dit.

Il hésite. Je l'entends penser. Quelque chose, visiblement, le tracasse.

— Qui nous a tiré dessus ?

— Les Kurdes, sans doute. Gino est revenu fouiller la voiture, et les Kurdes rôdaient par là, souviens-toi. Ils ont dû récupérer l'arme de l'aubergiste après l'avoir tué. Ils manient bien le couteau, les montagnards, et encore mieux les armes à feu.

— Moi aussi.

J'aurais mieux fait de me taire. Marco s'approche à son tour et pose sa lame sur ma carotide.

— Attends, amici, je téléphone d'abord.

Turzim écarte de moi la gueule de raie de son complice, avance vers le combiné accroché au mur et compose un numéro.

— Allô ! Les carabiniers ?

Je suis un homme blindé et je sais que les faux-culs abondent sur la terre, les mouchards et les tortionnaires aussi. Grâce à Dieu, au Diable et aux idéologues pervertis, jamais les humains ne seront en panne de ce côté, mais là, je l'avoue, les bras m'en tombent. Turzim avertit le poste frontière du passage des clandestins kurdes.

Il raccroche, revient vers moi. Il n'est que sourires. J'aimerais mieux le voir sangloter.

— Avec toi aussi, on va s'expliquer.

Je redresse la tête.

— Tu as vraiment averti le poste frontière ?

— Ben oui, où est le mal ? J'ai rempli mon contrat puisque j'étais payé pour les amener de l'autre côté et si les flics me donnent une prime, comme informateur, je considère que c'est une bonne gestion commerciale. Pendant la guerre, des tas d'hommes ont fait fortune en Europe, d'abord en cachant des Juifs, ensuite en les livrant. Certains, plus malins encore, ont même géré leurs biens en déshérence forcée. Triple gain ! PENDANT LE MASSACRE, LES AFFAIRES CONTINUENT ! Quel slogan ! Toute l'économie libérale en puissance... Ça, c'était du marketing, mec ! Étonne-toi qu'un certain nombre d'individus regrettent ce temps-là ! Mais les mœurs ont changé, et il faut s'adapter. À ce niveau de la partie, l'honneur n'existe plus, c'est de vocabulaire qu'il s'agit. Pourboire, bakchich ou prime de délation, équivalent à bonnet blanc et blanc bonnet... C'est kif-kif, mon frère !

J'aurais plutôt tué ma mère pour m'avoir donné le Turc comme brother que de supporter un frangin pareil. Je redresse la tête et crache dans la direction de Turzim. En échange, je reçois son pied dans la poitrine et m'écroule de nouveau. Nom de Dieu ! J'aimerais être Caïn.

— Tu vas ouvrir le camion et nous aider à démonter ton mille-pattes. Marco est un bon mécano. Si tu fais le mariole, je t'abats mais je laisserai mon ami Takis te faire goûter, d'abord, les délices grecs. Ils sont raffinés chez lui, fais-leur confiance.

Ordre de Turzim.

— Commencez par la cabine, c'est là que ça se tient.

Je dételle le tracteur, l'avance d'un mètre.

— Les sièges d'abord, commande l'inspecteur des travaux finis, Son Excellence Turzim-Pacha.

Le piège n'est plus qu'une coquille vide. Au tour du moulin. C'est vrai que Marco est un pro aux gestes très doux lorsqu'il aligne soigneusement les compresseurs et démonte les filtres et le circuit d'injection.

Après le réduit moteur, Turzim s'attaque aux roues, démonte les jantes, dégonfle les boudins et fait rouler chaque pneu devenu aussi flasque que des fesses de centenaire ou de déporté.

Au tour de la belle-mère. J'explique à Turzim que j'ai déjà sondé la caisse et récolte un haussement d'épaules.

— Je fais ça par acquit de conscience. Tu ne vois pas que quelqu'un m'a doublé, non ? D'ailleurs, c'est peut-être toi !

Le toit du camion disparaît à son tour, suivi du plancher. Ce n'est plus un camion, mon Renault, mais une carcasse vide faite pour transporter des courants d'air. Je ne vois pas ce qu'on pourrait y charger d'autre, dans l'état où il se trouve maintenant.

Pause. Marco apporte, du bistrot, de la bière fraîche. Le soir descend. Tout est paisible. On dirait quatre retraités dégustant leurs canettes en déblatérant sur leurs voisins. Le camion n'est plus qu'un gigantesque jeu de construction en pièces détachées sur le sol du hangar.

La paix explose dans un tir venu de la montagne.

Sur la droite, on entend des cris suivis d'une rafale

d'armes automatiques. Un hurlement grimpe dans l'air tranquille. Un cri fou, un appel au secours surgi de la nuit des temps, l'appel ancestral de l'homme aux abois, l'instant de l'hallali.

Marco s'est dressé d'un bond. Quand on sème le vent, on récolte la tempête, c'est bien connu. Les tirs proviennent certainement d'une patrouille frontalière. Turzim n'a pas bougé. Il jette, au loin, la canette vide, se lève.

— On y retourne. Il reste les réservoirs à vidanger et à sonder.

Délestés de leur carburant, percés, aplatis, les containeurs se révèlent aussi vides que le reste.

Le Turc, assis à une des tables, se tient la tête à deux mains.

Hilare, je me tourne vers lui.

— Tu es bien sûr que le camion transportait autre chose que des Kurdes ?

J'ai juste le temps d'esquiver, en me baissant, la clé à molette qui vole vers moi.

Conférence au sommet entre Turzim et ses complices ; je ne comprends pas un mot de la langue qu'ils utilisent. C'est Takis qui me met au parfum en sortant un revolver de sa poche.

— Tends les mains.

Inutile de protester. C'est un truc bon pour l'ONU.

— Allonge-toi près du radiateur.

Le Turc semble absent. Il a la gueule d'un joueur d'échecs mat en trois coups, en train de revivre la partie pour essayer de comprendre pourquoi.

Couché sur le sol, je me métamorphose en salami ficelé le long du tuyau du chauffage central. Il est gentil, Takis, au moins mon squelette n'aura pas froid cet hiver.

Turzim s'approche. Il me paraît soudain paisible.

— Tu joues aux échecs ? Non ? Tu as tort, ça permet de comprendre des tas de choses en se mettant à la place de l'adversaire. Dans ton cas, tu as de la veine que ce soit Gino qui ait fauché le camion. J'ai donc décidé de te laisser une chance. Ton voyage s'arrête ici. Si quelqu'un te trouve, c'est qu'Allah l'aura voulu. Mais ne rêve pas trop, l'auberge est fermée depuis deux ans et les paysans du coin n'y viennent jamais. Ils pensent que des fantômes y logent. Seul Marco y passe pour ses transports de clandestins. Cela dit, si jamais tu avais une idée sur le sort de la cargaison perdue, alors siffle... Je reviendrais... dans trois mois.

Et le Turc éclate d'un grand rire, suivi, en écho, par Takis et Marco. La porte se referme.

20

Franz

Il fait nuit noire. Une obscurité de tombeau et un silence seulement cassé par le craquement d'un meuble ou, au loin, le bruit d'un moteur sur la route. Mon chemin, quant à moi, s'arrête là. Fin de carrière sans retraite Sécu.

Malgré l'ankylose qui me gagne, je m'endors. J'ai dû dormir longtemps car le jour filtre maintenant par les interstices des volets. J'ai soif, très soif. Mes lèvres sèches réclament à boire. Je somnole de nouveau, je rêve. Installé au bord d'une cascade, j'écoute le bruit d'une chute d'eau qui se casse sur des rochers. Un son aussi cristallin que du verre brisé. J'ouvre mes paupières. Retour au réel. Un des volets est à demi rabattu et la vitre est trouée à hauteur de l'espagnolette.

Une main passe à travers l'ouverture, tourne la poignée, repousse le battant. La silhouette d'une femme allonge son ombre dans la pièce et, sage précaution, referme le volet de la fenêtre.

Dans le clair-obscur, un corps se penche vers le sol, quelqu'un qui pue presque autant que moi. Je connais cette longue carcasse, cette tignasse ébouriffée, ces yeux ironiques et glacés. C'est Daria, la Roumaine, en route vers l'Allemagne.

— Salut !

Je ne suis pas allergique à la politesse lorsqu'il le faut et je réponds par une inclination de la tête qui déclenche une onde de douleur dans mon squelette immobile.

— À boire !

Daria passe derrière le comptoir, ouvre un robinet et me tend un gobelet d'eau tiède. Impossible de boire seul dans ma position. La fille me soulève la tête, m'aide à faire passer le liquide.

— Merci.

— Garde tes salamalecs. Si tu ne m'avais pas donné à boire, il y a trois nuits, je te laissais crever là, de soif, bien entendu.

Il n'y a que trois nuits ? Foutre, je vieillis vite. Une fois de plus, je m'aperçois que ma mère avait raison et qu'un bienfait n'est jamais perdu. Faudra que j'enseigne ça à Turzim, le porc, lorsque je le retrouverai.

— Détache-moi.

— Peut-être.

— Pourquoi, peut-être ?

— On va faire un deal. Je te libère si tu m'emmènes avec toi.

— À pied ?

— Cesse de faire l'idiot. Il y a une voiture garée dans le chemin d'en face et je suppose que, toi, tu n'es pas venu à pied jusqu'ici.

— Comment l'as-tu repérée ?

— J'étais à l'arrière du petit groupe qui suivait Kim lorsqu'une patrouille italienne nous a surpris.

Les salves d'hier soir me reviennent en mémoire.

— Mais c'était bien près d'ici, non ?

— Tout près. Les hommes descendaient vers la France par un ravin très pentu, avec la mort au bout d'un à-pic en cas de dérapage. Un des gars a dévissé et sa plongée hurlante dans le vide a donné l'alerte à la frontière.

— C'est Turzim qui a prévenu les gardes.

Ses yeux ne sont plus que deux glaçons. Dommage que le Turc ne soit pas, à cet instant, entre les mains de Daria.

Je lui raconte le coup de fil de mon ex-employeur. Son corps s'est figé et seul le balancement de la tête indique qu'elle ne perd pas un mot de ce que je lui raconte.

Elle tend la main gauche, ferme trois doigts. Seuls l'index et l'auriculaire pointent vers le sol. La fille marmonne une courte phrase qu'elle répète cinq fois.

— Qu'est-ce que tu fais ? Qu'est-ce que tu racontes ?

— Je lui file le mauvais œil. Il ne s'en sortira plus, ton ami.

— Ce n'est pas mon ami. Détache-moi.

— Peut-être, je verrai. Après avoir échappé à la patrouille, le gorille qui nous dirigeait a changé de route. C'était pire que la première. Les pierres tombaient de partout de cette montagne pourrie que le guide ne connaissait pas. Zaïm s'est battu avec lui. Glissade. Chute. Tous les deux. Ils ont crié, longtemps, puis se sont tus. Kim a donc décidé de revenir en arrière mais, sur les crêtes, les carabiniers nous attendaient. Sommations ! Parle toujours. Le groupe courait, sautait de roc en roc. Un Kurde a balancé un pan de rocher sur deux policiers italiens planqués en contrebas. Mouche ! Les autres ont ouvert le feu. Ils sont tombés, tes passagers, tous. Je suis la seule survivante de cette balade. Et me voici !

— Personne d'autre ne s'en est tiré ?

— Je l'ignore. Ils sont tous tombés, tous.

— C'est d'accord, je t'emmène. Détache-moi.

Elle a eu un rire dont je me souviendrai. Guttural, il roule, se casse par moments et grimpe vers les aigus.

— Tu es croyant ?

— Oui, mais pas trop, selon les circonstances. Je crois toujours lorsque j'ai peur.

— Avec moi, tu as intérêt à croire. Je risque souvent de te faire peur. Tu vas jurer sur la croix, et rappelle-toi que je suis sorcière. Turzim s'en apercevra bientôt. Malheur à toi, si tu te parjures.

Cause toujours. De sorcières, je n'en connais qu'une, et elle m'a froidement largué hier. Je suis vacciné contre ce genre de succube.

Elle me détache une main, une seule. Ses doigts s'emparent des miens, remontent vers l'entrebâillement du corsage. Mes phalanges glissent sur sa peau douce, chaude, coulissent entre ses seins et se posent sur une croix qu'elle porte attachée au cou. Pas une seconde, elle n'a lâché mes doigts.

— Jure ! Sur cette croix, jure que tu m'aideras à aller en Allemange, dans la Ruhr, à Essen. Allez, jure !

Je prête le serment demandé.

Daria s'empare d'un couteau déniché dans un tiroir, tranche mes liens, passe un long moment à me masser les chevilles et les poignets.

Cette fois, c'est moi qui sers à boire. Assis près de la fenêtre bouclée, nous dégustons une bière mousseuse.

— Qu'est-ce que tu vas faire en Allemagne ?

— Retrouver mon mari. Ce n'est jamais bon de laisser les hommes seuls, trop longtemps. Ça ne rate jamais, ils deviennent bigames.

Avant de partir, j'attrape la moto que le guide a laissée avant le passage et la rentre dans le hangar. Je m'empare d'un poinçon parmi les outils de mon camion et perce le réservoir. L'essence forme une mare irisée.

Daria me regarde, étonnée, mais ne pose pas de questions. Elles sont bien dressées, ces femmes roumaines.

— Sors, je vais allumer.

Debout, près de la Fiat, j'ai regardé flamber la maison. Une larme m'est montée aux yeux. Cet hôtel de misère, je m'en moque, mais il est le cimetière de mon camion, et c'est lui que je pleure.

À trois kilomètres de la frontière, j'ai abandonné la voiture. Daria à mes côtés, j'ai pris la direction de la France. À pied, évidemment.

Ravins. Rocs. Escalades. Vertiges.

De loin, nous ressemblons, sans doute, à un couple de cabris.

Alerte ! Cris d'alarme qui se font écho de colline en colline. Sommations ! Coups de feu.

Les balles sifflent sur la gauche. Le tireur a le soleil de face.

À trois reprises, nous avons échappé de justesse aux rondes des Italiens et de la P.A.F., notre police de l'air et des frontières. Et j'ai déboulé, complètement égaré, sur une petite route goudronnée. Daria marchait, sans un mot.

Une borne s'est pointée, une borne blanche surmontée d'une demi-lune jaune, avec les bonnes vieilles marques des Ponts et Chaussées français *D. 93 — Sospel 4 km.*

Spontanément, j'ai embrassé Daria sur les deux joues.

Après un éclair étonné dans le regard, elle m'a longuement baisé la bouche.

— Nous sommes en France. Mais attention, il y a des patrouilles volantes sur les routes et nous sommes sans papiers.

Par prudence, j'ai coupé à travers bois. Un bruit de cascade nous a fait signe. Marche prudente. Je découvre un torrent qui dévale vers la côte. Sans nous concerter, nous nous sommes déshabillés tous les deux et avons filé dans l'eau écumante et fraîche. Un régal comme j'en ai rarement connu. Presque gênés d'être nus, nous nous sommes rhabillés avec nos loques.

J'avance. Près de moi, Daria trottine.

— Va falloir trouver à manger, mais je te préviens que je n'ai pas un sou.

— C'est quoi, un sou ?

— De l'argent.

— Je croyais que l'on disait « franc » pour la monnaie française ?

— C'est vrai, un franc, c'est vingt sous.

— Je n'en ai jamais vu.

Je réalise que moi non plus. Nous avançons dans la rue centrale d'un village de l'arrière-pays niçois bourré de touristes.

Daria me fait signe de l'attendre et se dirige vers une boutique dont la vitrine arbore un panonceau orné d'un mot magique : « CHANGE ».

Cinq minutes passent. Elle ressort, souriante.

— Viens, je t'invite à déjeuner. Quel est ton prénom ?

— Franz. Tu avais de l'argent ?

— Ben oui, Turzim m'avait donné 20 dollars pour services rendus.

Je me souviens du geste du Turc lui tendant un billet.

— Quels services ?

— J'ai eu affaire, moi aussi, aux faux carabiniers. Ils écument la côte. Un affreux, spécialisé dans la fouille des hommes et des femmes piratés, s'est amusé avec moi.

— Amusé ?

— Après Zaïm, il s'est occupé de moi. C'est un bisexuel et il m'a violée, ainsi que deux de ses copains. Fais pas ces yeux-là... Ce n'est pas la première fois que ça m'arrive. Tu sais, sur la route, pour voyager loin, il faut accepter de payer un prix. Ces chiens m'ont emmenée avec eux pour essayer de te retrouver. Ils étaient en cheville avec Turzim. Et je me suis lancée à ta poursuite. Je voulais me venger de ce que tu nous as fait en nous éjectant du camion, et c'est grâce à moi que le Turc a pu te retrouver. Il avait, au préalable, récupéré les Kurdes essaimés sur le bitume.

J'ai envie de l'étrangler, mais ça ne résoudrait rien.

— Comment as-tu fait ?

— Du stop ! Avec ça !

Elle soulève sa jupe, dévoile une cuisse éblouissante.

— Tu connais le proverbe ? « *L'homme est d'étoupe, la femme est de feu. Le diable souffle.* » Avec ça, tu fais des miracles, des kilomètres et tu obtiens tous les renseignements du monde. Malheureusement, c'est éphémère, je vieillis, je vais avoir bientôt vingt-deux ans.

Rapide casse-croûte. Je file vers le téléphone et appelle Nice. On dirait que la chance a tourné et Carlo Sambelli, un copain du trimard, me promet de venir nous chercher.

Tout se passe bien.

Sambelli nous emmène chez lui, à Saint-Pancrace, au-dessus de Nice.

Que c'est bon, un bain chaud ! Daria est méconnaissable dans le corsage et le jean que lui a passés la femme de Carlo. On dirait une gamine malgré ses yeux cernés et les plis de fatigue qui cassent ses joues.

Au matin, après m'avoir dépanné de quelque argent, Sambelli nous largue à la gare de Nice et nous prend deux billets de seconde.

Cette fois, je tiens le bon bout, je rentre chez moi, à Altrkirch, en Alsace.

Le train fonce vers Toulon.

Roux des rocs, ocre de la terre poussiéreuse et sèche, cyprès et lentisques, adieu ! C'est l'Alsace, enfin !

Daria ouvre de grands yeux sur ma maison et son jardin.

— C'est vraiment chez toi, ici ? C'est beau. Tu es riche ?

Je chantonne en ouvrant toutes les fenêtres.

Ce soir, je dîne en ville. Ici, je n'ai plus de problème de paiement.

Je sors la Mégane du garage et emmène Daria dans une auberge sur la route de Mulhouse.

Sur le retour, Daria pose sa tête sur mon épaule. Sa main glisse vers mon genou, remonte.

— Non, ce n'est pas le moment. J'ai Turzim à retrouver.

— Je ne te plais pas ?

— Si, beaucoup, mais...

Elle ne m'a pas laissé terminer. J'ai failli emboutir un arbre. La voiture garée sous les arbres, j'ai découvert l'amour à la roumaine. Ils gagnent à être connus, ces gens-là, y'a pas à dire.

Le lendemain, je remets Daria à Frédo, un copain qui fait la route avec l'Allemagne. Il l'emmènera de l'autre côté du fleuve où elle prendra un train pour Essen.

C'est l'heure des adieux. Spontanément, je l'embrasse. Elle paraît émue.

— Attends.

Elle glisse une main dans son corsage, tâtonne et en sort un objet qu'elle me tend.

— Tiens, cadeau. C'était bien hier soir.

C'est tiède. Forcément. Je la remercie et examine l'objet qu'elle m'a tendu. C'est une reproduction en onyx et argent d'une statuette de Topkapi. Une figurine montée en broche comme on en trouve tant à Istanbul.

Le bijou pivote entre mes doigts. Je l'examine de près.

— Où as-tu déniché ça ?

— Dans le camion. La broche était par terre, dans un angle. C'est ça qu'on appelle un pin's ?

— Non, pas exactement.

Un grand rire la secoue.

— Allez, ciao ! Dans ce monde ou dans un autre. Qui sait ?

Une fois de plus, j'ai droit à un panoramique de ses jambes lorsqu'elle s'installe près de Frédo.

Un dernier geste. Le camion vire et prend la direction de l'Est. Curieux, je l'aimais bien, cette fille.

Allez, Franz, pas d'attendrissement. Va falloir remettre de l'ordre dans tes affaires. 15 000 dollars envolés, le camion perdu, voilà un beau trou financier à combler.

Machinalement, je joue avec la broche, la fais sauter dans ma main. Elle me rappelle quelque chose, cette figurine... Mais quoi ? Je repense à Daria, hausse les épaules.

Retour à Altkirch. J'ouvre une boîte de bière et m'installe sur la véranda. Le téléphone sonne... et le ciel me tombe sur la tête. C'est Féline.

— Ça va ? Tu es de retour... Je suis contente.

Pas moi. J'explose.

— Ça te regarde ? Oui, je suis revenu, grâce à toi et à ton aide précieuse. Encore merci.

— Arrête, veux-tu ? Ce n'est pas parce que tu es idiot que je devais le devenir aussi. Je ne pouvais pas te rejoindre en Italie. J'ai une vie ici, moi.

Le passage de la frontière me revient en boomerang. Je revois deux chèvres à face humaine essayant de sortir du chaos lunaire, j'entends le tir des mitraillettes fracasser la caillasse. Je serre les dents et me tais.

— Tu es là ?

— Pourquoi ? Tu as peur que je reparte ?

— C'est un vrai bonheur de t'aider, Franz, tu facilites vraiment les choses. J'ai pensé que tu avais besoin de boulot. J'ai quelque chose pour toi, dans trois jours.

— Je n'ai pas envie de travailler actuellement et sûrement pas avec toi. Salut !

Son rire résonne.

— Parfait, je te rappelle dans vingt-quatre heures.

C'est elle qui a coupé.

J'ai du mal à retrouver mes esprits. Les choses vont vite et pas comme je le souhaiterais. Pourquoi me relance-t-elle ? Pourquoi cherche-t-elle à m'envoyer dans un nouveau cul-de-basse-fosse dès que j'essaie de me libérer ?

Nouvelle bière. Je m'affale devant la télé. Les séquences défilent : infos débiles, bêtises intello, jeux de cons. Je zappe d'une chaîne à l'autre en oubliant qu'un désert peut en cacher un autre. Quelque chose me tracasse et vient poser un voile vaporeux sur l'écran. C'est vague, flou et se confond avec le ronron et l'amalgame des images qui naissent de la pression du doigt sur le zappeur et sans reproche. Reportage. Une des chaînes montre, en direct, la cérémonie organisée pour l'accueil officiel du cent millième clandestin.

Une tente dressée sur une place de village. Défilé de majorettes. Zoom sur les cuisses. La caméra glisse, dévoile une table garnie de bouteilles de jus d'orange et d'amuse-gueules. Il y a aussi des cacahuètes, au cas où le lauréat serait un singe vert. Un orchestre joue. Des loufiats, en veste blanche, apportent du champagne à la table des notables. Roulement de tambour. Un rideau se lève. Le clandestin paraît. Le cercle de famille applaudit à grands cris.

Lavé, rasé, le clandestin-lauréat porte un jean et un blouson comme ceux que les tueurs du Moyen-Orient remettent aux otages ou à leurs cadavres lorsqu'ils les libèrent... parfois.

Les paparazzi se ruent sur l'homme. L'autre, éberlué, roule des yeux effrayés. Une majorette lui offre une gerbe de fleurs, l'embrasse sur les deux joues, glisse sa main vers sa braguette. On lui tend un jus d'orange. Les autorités vident leurs flûtes de champagne. Gros plan de la caméra sur la marque de vin. C'est mieux que l'arrivée d'une course cycliste.

Vient l'heure des journalistes. Toutes les stars de l'écran cathodique sont là, celles qui analysent, celles qui savent lire, celles qui synthétisent et celles qui savent écrire, celles qui coupent la parole parce qu'elles ne comprennent rien et celles qui ne coupent ni ne cassent pas grand-chose.

Les micros se tendent :

— Quelle est votre vision de la femme européenne ?

— Feriez-vous un mariage blanc, si on vous le proposait ?

— Que pensez-vous d'un mariage blanc au noir ?

Roulement de tambour. Les journalistes font deux pas en arrière. Les gendarmes paraissent, passent les menottes au clandestin de service et l'emmènent.

Travelling arrière sur l'avion blanc qui décolle d'Orly.

Une superbe blonde aux lèvres, aux seins, au cerveau et aux fesses siliconés s'encastre dans le paysage.

— Dans le cadre de notre enquête : « Faut-il achever les immigrés ? » nous venons de vous présenter une fiction intitulée : *Les clandestins... comme si vous y étiez !...*

Dans un concept de bonne gestion, pour obtenir un coefficient d'occupation maximum des sols, notre prochaine émission s'intitulera : *Faudra-t-il réserver les futurs camps du Larzac aux seuls immigrés ou maintenir la préférence nationale ?* Vous pouvez, d'ores et déjà, répondre à la question subsidiaire : « Combien y aura-t-il d'internés dans la première tranche ? » Nous vous rappelons qu'outre les mille pin's et con's (parité féminine oblige) offerts, le gagnant recevra deux places pour une destination de rêve. Et maintenant, place à la bible du néo-testament, la pub.

Je change de chaîne. Je coupe le son. C'est génial la télé muette. Pareil partout. On peut zapper sans crainte de se perdre. À croire qu'ils composent les programmes sur Minitel :

— 3616 — Du pain et des jeux.

— 3615 — Quéquette d'acier et langue de velours. Le docteur Rut vous parle !

— 3614 — Polar au poing, mais pasteurisé.

— 3813 — Point de polar.

— 3613 — De l'A.N.P.E. à l'Horoscope ou « Comment trouver du travail grâce aux astrologues ? »

Non, pas 13, ça porte malheur. Je repense à mon voyage et sors la broche de ma poche. J'ai déjà vu la même, mais où ? Celle-là possède une particularité qui saute aux yeux. Comment ai-je pu l'oublier ? La figurine, que je serre entre mes doigts, a la jambe droite brisée.

Un 30 tonnes lancé à cent à l'heure doit faire le même effet lorsqu'il heurte une 2 CV de plein fouet. Mais, ici, la deuche, c'est moi. Je sais... et j'explose en mille morceaux. Je sais où j'ai vu cette figurine à la jambe coupée. Je sais. Je me précipite dans la salle de bains et me passe la tête sous l'eau froide.

Oui, je sais.

21

Franz

Il fait encore nuit lorsque la sonnerie du téléphone me tire d'un cauchemar.

Je décroche, sans allumer.

— Salut ! Tu dormais ?

— Oui, encore une de mes mauvaises habitudes, la nuit, je dors. Ça t'arrive ?

Le rire de Féline déclenche l'effet habituel. Ma rancœur tombe.

— Rarement. Veux-tu commencer le jour avec moi ?

— Où es-tu ?

— À Mulhouse.

— Qu'est-ce que tu fais par ici ? C'est loin de chez toi, non ?

— Mais tu ne sais pas encore où c'est, chez moi.

— Exact. Tu as l'intention de me le dire ?

— Peut-être... si tu es sage...

La rage revient.

— C'est pour jouer à ça que tu me réveilles à... au fait, quelle heure est-il ?

— Pas loin de 5 heures. Tu as trois secondes pour te décider. Une... deux... deux et demie...

— O.K., où es-tu à Mulhouse ?

— À l'hôtel des Voyageurs, en face de la gare.

— Prépare le café, j'arrive.

— Ne t'inquiète pas pour l'accueil. À tout à l'heure.

Mulhouse, c'est la porte à côté, à peine à vingt bornes.

Il fait jour maintenant. La voiture garée sur le parking désert de la gare, je m'oriente. L'hôtel est là, en face, dans une rue perpendiculaire.

Féline a fait le nécessaire à la réception, et le veilleur de nuit m'indique, immédiatement, le numéro de sa chambre.

La pièce est obscure ; Féline n'a pas allumé et le jour ne passe pas à travers les doubles rideaux tirés.

Sa tête se pose sur mon épaule et ses cheveux viennent caresser ma joue. Je plane en apesanteur et cesse de lutter contre la langueur qui m'enveloppe.

Sans un mot, elle enlève mes vêtements et se dévêt, aussi, en se déhanchant. Bien sûr, je l'aide.

Vers 9 heures, nous avons enfin pris le café du matin. J'ai connu des réveils plus désagréables. Après ces jours de galère, au volant, je me sentirais le plus heureux des hommes, si...

La sonnette d'alarme tinte au loin, quelque part dans ma tête...

Féline croque la pointe d'un croissant, me tend l'autre partie et, d'un ongle, ôte une miette collée à ma lèvre.

Cette fille ne changera jamais. Je ne suis même pas sûr que l'âge puisse l'atteindre, un jour, avec ce teint de lumière jailli de sa peau pour effacer toutes les aspérités du temps.

— Quels sont tes projets actuels ?

— À court terme, aucun. J'ai perdu mon camion, en Italie, et j'ai besoin de me refaire. Tu as quelque chose en vue ?

— Oui, aller chercher trente bougnoules, en Espagne. De la main-d'œuvre agricole pour le ramassage des fruits. Ça urge. L'été avance, et c'est toujours la nature qui commande, tu le sais bien.

Ses lèvres avancent vers moi. Effectivement, c'est toujours la nature qui commande et je le lui prouve sur-le-champ.

Ses vêtements de nouveau en place, elle tire de son sac une perruque rousse qu'elle plaque sur sa chevelure.

— Comment me trouves-tu ?

— Un peu vulgaire, ce n'est pas ton genre. On dirait une...

Elle rit.

— Allez, dis-le, on dirait une pute ! D'ailleurs c'est quoi, mon genre ? J'aime paraître vulgaire de temps en temps et jouer à la prostituée, le genre : « Tu viens, chéri ? », ça rendait Paul-Jacques enragé.

Son sourire de siamois étire son visage, ses yeux se font plus durs, plus fixes. Dieu, qu'elle est belle ! La sonnette ne tinte plus dans ma boîte crânienne. « Tu viens, chéri ? » Et comment ! J'accours, je rampe, je coule.

— Où faut-il aller, en Espagne ?

— Au Pays basque, près de Pampelune. Si tu acceptes, je t'expliquerai.

— Mais je n'ai plus de camion.

— J'en ai un.

Devant mon regard étonné, elle précise.

— Ou plutôt, je l'aurai le moment venu. Celui de Paul-Jacques.

— Tu es folle ou tu le fais exprès ? Si Péji nous trouve près de son bahut, nous finirons en passoire. Et plutôt deux fois qu'une. Tu ignores peut-être son contentieux avec nous ? Il ne te suffit pas ? Je l'ai vu à la chasse au sanglier, ton ex. C'est un bon, et il n'a pas la tremblante lorsqu'il presse la détente d'un fusil. En passoire, j'te dis !

— Je sais, mais nous ne partirons pas seuls. Un copain à moi assurera la protection.

Bon, elle a un copain. Je suis surpris d'être encore surpris. On dirait qu'elle devine mes pensées.

— Ce n'est qu'un copain. Point.

— Qu'est-ce qu'il fait dans la vie, ce copain-point ?

— Routier.

Tout repart. La sonnette tinte de nouveau, se fait plus proche. Son bruit grandit, m'envahit.

— Pourquoi ne lui proposes-tu pas ce boulot ?

— Ce n'est pas son genre.

— C'est quoi, son genre ? Le vol des camions ?

D'une détente, elle se lève, marche sur moi.

— Ça suffit ! Tu acceptes et c'est O.K., avec, en prime, une longue histoire avec moi. Tu refuses ?

C'est aussi bien, je trouverai quelqu'un d'autre et ciao, mec.

Ce n'est plus une sonnette qui tinte dans ma tête, c'est une cloche dont le bronze vibre et cogne.

— La semaine dernière, alors que j'étais dans la panade la plus noire, je t'appelle au secours ; très courtoisement, tu m'envoies au diable, et j'ai bien failli y rester. À mon retour... miracle ! Béatitude, orgasme et nirvana ! Tu as besoin de moi ! Précise, je te prie, si c'est pour un contrat à durée déterminée ou une association pour la vie ? Dans ce cas-là, je m'inscris à la Sécu... Forcément, à cause de la réversion de la retraite ! Ton copain ne suffit pas à la tâche ?

La tasse de café vole vers moi et se fracasse sur le mur où elle laisse une vilaine trace noirâtre.

— Oh, la ferme !

Pas cette fois. Je ne la bouclerai pas.

— Je résume. Je vole le camion de Péji pour atterrir à Pampelune. De là, je ramène tes gars et nous devenons les meilleurs amis du monde, pour ainsi dire mari et femme... C'est bien ça ? Fichtre, quel avenir de luxe ! À quand la vie à deux dans un foyer de vieux ?

— Tu ne comprendras jamais rien à rien. Si tu veux du fric, il faut vivre avec son temps, c'est tout. Autrefois, c'était le marché noir et le transport de ceux qui craignaient qui rapportaient un max. Tu pouvais vendre ou acheter les mêmes hommes et les mêmes produits, ou, mieux, faire les deux en même temps, les vendre ET les acheter.

C'est le bourdon de Notre-Dame qui résonne en moi. Turzim-le-bouffi m'a tenu le même langage. Non, je déraille. Et Féline égrène toujours ses théories.

— ... Aujourd'hui, le marché est plus vaste : drogues, armes, or, objets d'art, médicaments, viandes avariées ; tout se contrôle, se poinçonne, se répertorie et donc se trafique. Et rien ne t'empêche de passer aussi des hommes. Un vrai bonus ! Le trafic de barbaque devient la cerise sur le gâteau. Et il n'y aura jamais assez de flics, de douaniers, de services spéciaux pour arrêter ces flots d'humains, de marchandises et de trésors.

Sa véhémence augmente encore ma tension. Ce n'est plus une cloche qui sonne en moi, mais une sirène qui hurle. Trafic de barbaque ! J'ai déjà entendu les mêmes mots. Prononcés par la même personne, au téléphone, en Italie.

Je me lève, applaudis des deux mains.

— Merci de ce cours sur le siècle des marchands ! Où as-tu déniché ces notions de commerce international et de libéralisme avancé ?

Le sourire revient, ironique.

— Tu oublies que j'ai travaillé des années chez un groupeur. Rien de ce qui touche à la route ne m'est étranger. C'est mon domaine, un royaume de grands chemins vaste comme la planète, peuplé d'hommes qui en ont, dans tous les sens du terme. Durs à la peine, compétents, réguliers. Des mecs qui risquent leur peau pour pas grand-chose avec des horaires déments. Et dans cette énorme masse chaleureuse, tu trouves une poignée de gars décidés à transporter des choses interdites, des hommes comme toi, Franz. Tu m'emmènes à Pampelune ?

— Si j'accepte, quel sera le deal ?

— Tu embarques le camion avec moi et Robert en protection.

— Ensuite ?

— En route pour l'Espagne.

— Et ton... copain ?

— Il nous suivra en voiture, de loin.

L'idée me traverse en un éclair.

— Que crains-tu donc, Féline ?

Elle marque le coup, réagit.

— T'occupe ? Robert peut nous être très utile, il nous quittera à Pampelune.

Je me dis qu'il serait plus utile sur la route du retour qu'à l'aller. Vaut mieux être deux pour surveiller du fret humain. Y'a des mauvais coucheurs partout, et la révolte des esclaves, c'est pas seulement du côté de Spartacus que ça se passe. Je repense à Kim... Mais inutile d'insister, elle n'en dira pas plus qu'elle n'a l'intention de le faire.

— Ma part ?

— 25 % de la valeur de la cargaison.

— Non, 35 !

— Accordé ! Et moi en prime.

— Trente gars à loger, ça fait de l'espace. Qu'est-ce qu'il a comme piège, Paul-Jacques ?

— Un Renault, frigo, grand format.

— Tu envisages un camouflage ?

— Non, à l'aller on passe la frontière à vide.

— C'est le retour qui m'intéresse.

— J'ai tout prévu. Le camion sera plombé au départ. Il sera sous douane. Ne t'en fais pas, c'est une équipe rodée que je mène.

— Il y a longtemps que tu joues à ça ?

— Pas ton problème.

— On partirait quand ?

— Après-demain. J'ai tout étudié, tout calculé. Depuis trois jours, je suis devenue l'ombre de Péji.

Faut toujours tout prévoir, Féline, tout, y compris l'imprévisible. Et j'abats mon atout maître.

Je sors de la poche la broche que m'a remise Daria. Le bijou roule entre mes doigts joints.

Penché vers le sol, j'ouvre la main, me redresse.

— C'est à toi, ça ?

La paume grande ouverte, je tends la figurine à Féline. L'objet change de mains. Elle l'examine, surprise.

— Oui, c'est à moi. Où l'as-tu déniché ?

— Là, par terre. Tu as dû le perdre tout à l'heure.

Paupières à demi closes, elle me dévisage sans un mot.

Épinglé sur la veste, le bijou pose une note brillante sur le tissu qui l'embrasse et le moule dans une cascade de soie blanche. Cré, Dieu ! Quelle beauté ! Et sa moue vulgaire ajoute encore à cette sensualité noire qu'elle dégage.

— Conclusion ? Tu acceptes ?

Je fais oui de la tête.

L'après-midi avancée, nous sommes partis chez moi. J'empile du linge et des objets de toilette dans une mallette.

— Laisse ta voiture, nous allons prendre la mienne.

— Où allons-nous ?

— Chez moi. Pourquoi ?

Ce n'est pas la première fois que le ciel me tombe sur la tête, mais là, je l'avoue, je suis surpris, très surpris.

Et, au fond de moi, la sirène d'alarme gueule de plus en plus fort.

22

Paul-Jacques dit Péji

C'est jour de repos. Il est midi. Au volant de ma voiture, je reviens du Planétarium où je fais mes achats pour la semaine.

Comme nombre de routiers, je n'aime pas piloter ces pots de yaourt. Conduire, ce n'est pas se faire porter mais tenir un volant dont les vibrations vous envahissent avec, en écho, tous les bruits, tous les vacarmes ramassés sur la route.

Près de moi, le gamin sifflote.

Sa mère m'a appelé. Elle a changé d'avis pour Combloux et doit venir chercher le gosse dans deux jours. J'ai vainement essayé de la convaincre de le laisser aller au terme de son pèlerinage. En réponse, j'ai eu droit à un beau discours obscur sur la psychologie des enfants.

— Ta mère m'a téléphoné, ce matin, pour avoir de tes nouvelles.

Il hoche la tête et marque le tempo du moulin en cognant de l'index sur le tableau de bord.

— Elle va bien ?

— Je le crois. Elle vient te chercher en fin de semaine.

Le mouvement de sa main s'arrête.

— Et si je ne veux pas repartir avec elle ?

— Ne fais pas l'idiot, je te prie. Tu n'es qu'un enfant et tu ne peux pas vivre seul.

— Je ne vis pas seul puisque je suis dans ta maison.

— Légalement, je ne suis rien pour toi, ni ton père ni ton tuteur. Un mineur ne peut vivre que là où ses parents le décident.

La mimique du visage n'indique rien de bon. Dents serrées, il marmonne à voix basse.

— Tu m'avais promis de m'emmener à Combloux, rappelle-toi !

— C'est vrai et je ferai l'impossible pour convaincre ta mère. Je lui proposerai de s'installer ici pendant les deux jours que durera notre balade savoyarde et tout sera dit.

J'amorce le virage devant la maison.

C'est Michel qui réalise le premier que quelque chose a changé dans le paysage.

— Regarde, Péji ! Le camion a disparu.

Depuis la veille, le bahut stationnait dehors, pour ne pas perdre de temps à manœuvrer. J'ai une grosse livraison de surgelés à charger, en gare de Besançon, pour la dispatcher, ensuite, dans cinq des succursales de Planétarium. Du travail dur, à effectuer dans un timing relativement court. Il ne faut pas interrompre la chaîne du froid, et la vitesse prime dans les transbordements. Encore un jour de bourre, de galère intense, où la route devient longue, où les kilomètres doublent, et le temps rétrécit.

Rapide inspection. Rien de spécial à signaler. Mon outil de travail, ma caisse d'épargne, mes dettes et mon plaisir, mon camion quoi ! s'est fait la malle avec l'aide d'un malfaisant.

— Ne bouge pas d'ici, Michel. Je file à la gendarmerie.

Je démarre en faisant gueuler les pneus, un goût de fureur dans la gorge. Si je trouve le malfrat qui a fait ça...

Adossé à la barrière blanche, le gamin me regarde virer sur la grand-route. Je crois bien qu'il pleure.

23

Michel

C'est décidé. Quoi qu'il puisse m'arriver, je ne repartirai pas avec Suzanne. J'aurais filé immédiatement sans le vol du bahut de Péji. Il est temps que ma mère comprenne...

Dans le frigo, je harponne une boîte de Coca et la déguste, assis, sur la barrière. J'adore cet endroit frôlé par la rivière. L'air y embaume.

Le temps passe. D'un coup de reins, je quitte mon perchoir et porte la boîte à la poubelle que j'ai vidée ce matin, avant de partir avec Péji. Ici, les éboueurs ne passent qu'à jours fixes et il y avait ramassage aujourd'hui.

Surprise. Une boîte de bière et une de Coca, vides toutes deux, se pavanent au fond du sac plastique. Intrigué, j'attrape les deux récipients, les examine et les emporte dans ma chambre.

Retour sur les bords de la Loue.

Curieux. Ça ne sent pas le parfum habituel des plantes, ce mélange dont je n'ignore plus rien et qui varie selon les heures et l'intensité du soleil. Une odeur nouvelle se mêle aux senteurs du jardin. Je reviens à l'emplacement habituel du bahut envolé, me dirige vers la cuisine, retourne vers le courant. Je suis sûr que les voleurs ont suivi ce chemin. De nouveau cet arôme inhabituel me touche, m'enveloppe ; ce fumet doux me rappelle quelque chose que j'ai déjà senti. Où ? Quand ?

Je tourne. L'odeur s'éloigne. Je vire... et la senteur réapparaît. Le cache-tampon des gamins : « Tu brûles... C'est chaud... Tu gèles... »

À hauteur d'homme, accrochée à un arbuste, une tache noire attire mon regard. Je tends la main et ramasse un tissu foncé. « Tu brûles... Tu flambes... » Il embaume, ce béret de femme. Ce truc tricoté dégage cette odeur inconnue dont le jardin est imprégné. Je rapproche la coiffe de mon nez. Voilà l'objet ! Il diffuse une onde de joie, quelque chose qui donne envie de chanter. Qui me donne envie de crier, surtout. J'ai un nez qui retient les parfums, un nez qui se souvient.

Oui, ce mélange de fraîcheur, de soleil, de miel et de menthe, je l'ai déjà senti quelque part. Quand ? Où ?

Le béret va rejoindre dans ma chambre les deux boîtes trouvées dans la poubelle.

Je m'empare d'une canne à pêche, monte une ligne et descend vers la rivière. Rien de tel pour sortir du truc qui m'obsède. C'est comme la faim, penser sans arrêt à la même chose devient vite insupportable. J'ai découvert ça en rêvant sans cesse d'aller à Combloux.

Le bruit du moteur de la 205 casse le silence. Je range mon matériel et vais retrouver Péji.

Chris est avec lui. Ils se parlent à voix basse et semblent préoccupés.

Le garagiste nous invite à manger un morceau dans un relais de routiers du coin. Je chipote et repousse mon assiette à demi pleine.

— Qu'est-ce que tu as ? C'est le vol qui te tracasse ?

Je garde le silence. Ce n'est pas le camion envolé qui m'ennuie, mais une odeur.

— Ne t'en fais pas. Je suis correctement assuré. Ce ne sera qu'un contretemps de quelques jours. On va en profiter pour aller en Savoie.

Je remercie d'un sourire.

Le repas terminé, Chris nous ramène. Péji s'installe devant la télé. Moi, je me couche.

Longtemps, je reste immobile à réfléchir dans le noir.

J'entends la télé s'éteindre, le bruit d'eau de la douche que fait couler Péji. La clarté des lampes s'efface.

Une idée me taraude l'esprit et je m'endors très tard.

Cinq heures du matin. J'ouvre les yeux, et la même pensée revient, s'installe. Il faut que je vérifie sinon je ne sortirai plus de cette obsession qui tourne, tourne, tourne...

Dans le bureau du rez-de-chaussée, je trouve de quoi écrire et je laisse un court message à Péji. Je l'aime bien, ce mec, faut pas qu'il s'inquiète. La maison n'a plus de secret pour moi. Je prélève 100 francs dans la cache où Paul-Jacques planque sa réserve d'argent. Je les lui rendrai, ses billets. J'en fais le serment muet.

L'heure tourne. Déjà 6 heures. On dirait que je vis à l'envers, que je reviens une semaine en arrière.

De nouveau, je suis sur le trimard, exactement comme lorsque je cherchais un stop ou un camion pour continuer ma route. Mais pour la première fois depuis mon départ de Bayonne, j'ai peur, vraiment peur.

Coup de pot. Je trouve un bon pépé qui m'emmène jusqu'à Dole où j'attrape le car pour Arbois.

Le bus me laisse à la gare routière, en centre-ville.

Je m'oriente très vite, sors d'Arbois et retrouve une maison que je connais, avec ce jardin toujours coiffé de ses buissons de plantes vivaces.

Sans hésiter, je dépasse le pavillon. Les volets sont ouverts et un air de jazz s'évade de la fenêtre entrebâillée. Ça swingue. Un solo de trompette balance ses aigus dans le petit matin. J'aimerais bien m'arrêter et écouter. Tu parles, c'est bien le moment.

Premier chemin à gauche. Je contourne la pelouse, arrive sur l'arrière, près du garage.

Le camion de Péji est là.

En prendre plein la gueule, je sais maintenant ce que ça signifie. Et pourtant, je m'y attendais, sinon je dormirais tranquille dans la maison du père Florian.

Une main me serre la poitrine. J'étouffe. Écroulé contre le tronc d'un hêtre, j'essaie de retouver mon calme.

Le camion de Péji est là et son tracteur blanc émerge du hangar comme la jambe d'un dormeur dans un lit trop court.

Devant lui, dans le rôle du poisson-pilote, une Clio semble ouvrir la route. Une voiture que je connais aussi. Je la revois devant la gare de Besançon et j'entends encore un certain hurlement de pneus.

Qu'est-ce que je fais ? J'appelle les flics ? Qu'est-ce qu'il aurait fait, le père ?

Non, pas la police, et le père est mort. Au secours, Paul-Jacques ! C'est un âge con, treize ans.

Le camion de Péji est là.

La salope ! Comment a-t-elle pu me faire un truc pareil ? TE faire ? À toi ? Mais qu'est-ce que tu es pour cette... femme ? Rien, tu n'es rien... Tu n'existes pas... Tu ne comptes que pour du beurre. Elle ne se souvient même plus de toi, à cette heure. Appeler Péji, oui. Il décidera lui-même de ce qu'il faut faire.

En courant, je repars vers Arbois.

Je cherche une cabine téléphonique. Merde ! Il faut une carte. Tu peux crever en paix sur le bord de la route. Pas de carte, pas de téléphone. Je fonce vers la poste.

Enfin ça sonne. Une fois, cinq, dix... Péji ne répond pas. Je déniche, dans l'annuaire, le téléphone de Chris.

— Allô !

Ça dure, ça dure. Finalement on le trouve à l'annexe, au bistrot.

D'abord sceptique, il se fait expliquer certains points sur le lieu où se trouve le mille-pattes.

— Mais comment as-tu eu l'idée d'aller à Arbois ?

— Je vous expliquerai.

— Non, maintenant, c'est important.

— M'sieur Chris, n'insistez pas. Je ne vous dirai rien.

— Je prends Péji, au passage, et on arrive. Où seras-tu ?

— Dans le petit bois, derrière la maison. Vous ne pouvez pas la manquer. De là, on voit tout ce qui se passe sur la route. Je vous ferai signe.

— Attention, petit. Les voleurs de camions sont toujours des têtes brûlées. Ne te montre pas. Bye !

La tristesse, c'est moche. Une larme coule sur ma joue.

Je reviens vers la maison, regagne le bouquet d'arbres. De là, je ne perds rien de ce qui se passe dans le salon.

Ils sont trois, assis devant la table basse. Une bouteille d'anisette trône près d'une cruche d'eau et de grands verres.

Elle... Je ne peux plus la nommer maintenant. *Elle...* Ce sera son nouveau prénom. Rien n'a changé dans son visage. Tranquille, il affiche le même air de se foutre du monde. Et le monde, le monde entier, aujourd'hui, c'est moi.

Un des hommes, ils sont deux, verse de l'eau dans son verre. C'est un grand gars avec une belle gueule. On dirait un baroudeur dans les *Bérets Verts* ou un de ces types qui vendent des fusils aux Indiens, dans les westerns. L'éducation de Péji commence à déteindre.

L'autre, je le connais. C'est le porc dont j'ai failli casser le bras lors de l'attaque de la diligence, je veux dire du camion. Le père dirait qu'il a une tronche de videur de bordel déguisé en militant intégriste.

Elle... Sa tête pivote vers les arbres. J'ai l'impression qu'elle me voit et me dévisage avec ses yeux pleins de promesses. Des promesses pas faites pour des garçons de treize ans, hélas. Tranquille, elle remplit les verres de ses partenaires. Ils boivent.

Le videur se lève, fait un geste de salut et sort.

Il s'installe au volant d'une Fiat et embraye en direction d'Arbois.

Elle... De son pas déhanché, elle avance vers le baroudeur et s'assied sur ses genoux. Longuement, très longuement, elle l'embrasse.

J'étouffe. J'ai du mal à déglutir.

Sa chaussure droite est tombée. Sans même changer de position, du pied nu, elle repousse le battant de la fenêtre.

Mais qu'est-ce qu'il fout, Chris ?

J'ai la tête en feu, envie de pleurer. Non, finies les larmes. Je les offre à Caro pour les jours d'interro sans antisèches. Je serre les poings et frappe le tronc de mon arbre-abri.

Ça dure, dure... Une longue plainte s'achève dans un cri qui me fait sursauter. J'espère que tout va bien pour elle.

La fenêtre s'est rouverte. Le baroudeur, maintenant, ferme les volets, tous les volets.

Elle... Je la vois à l'arrière-plan, vêtu d'un jean et d'un blouson de toile.

— Mets le camion en marche.

Je ne vois plus qu'une façade close, mais j'entends tout.

— Tu es prête ?

— Dans un instant.

— Parfait. Je boucle mon sac et on y va.

Courbé, pour rester invisible, je dévale à toute vitesse vers le camion. Sans un bruit, j'ouvre la portière et m'installe dans la couchette.

Elle... Dieu ! Pourquoi est-elle si belle ?

— Franz, tu as laissé la portière ouverte.

— Non, c'est sûrement l'autre débile, ton copain, qui a fait ça.

Elle... Avant de s'installer, elle soulève le sac qu'elle tient en main. C'est lourd. Elle serre les dents. La poche de toile atterrit sur la couchette, tout près de ma tête. Je retiens mon souffle.

À son tour, il grimpe aux manettes. Le bahut prend la direction d'Arbois.

À la sortie de la ville, elle pose sa tête sur l'épaule de Franz, puisque Franz il y a. Quel horrible prénom !

Elle... Sa main glisse vers la nuque du chauffeur. Durant dix minutes, un siècle à ma montre, elle lui a trituré le cou. Lui souriait. L'horrible Franz souriait.

Des effluves de soleil, de miel et de menthe montent vers moi. Plaqué à la paroi, j'inhale et déguste en respirant doucement.

À Besançon, le camion pique vers le sud.

24

Paul-Jacques dit Péji

Chris m'attend à la porte du chalet.

— Je te cherche partout.

— Qu'est-ce qui se passe ? Tu as des nouvelles du môme ?

— Pourquoi ?

— Il s'est fait la malle, ce petit con ! Regarde la lettre qu'il m'a laissée... Du pipeau ! Il se remplume chez moi, me pique 100 francs et fugue de nouveau. Je me suis encore fait avoir au sentiment.

— Tu n'avais que 100 francs chez toi ?

— Non, je garde toujours une petite réserve au cas... D'accord, ce n'est pas de la frime mais alors à quoi joue-t-il ?

— Le gosse m'a appelé. Il sait où est ton camion.

J'empoigne Chris par le bras.

— Qu'est-ce que tu me chantes ? Comment peut-il savoir où se trouve mon bahut ?

— Il m'a téléphoné de la poste d'Arbois.

Une vieille panique jaillit en moi, noue mes tripes. Ça ne rate jamais lorsque l'émotion devient trop forte. Arbois...

— Il t'a dit ce qu'il faisait à Arbois ?

— Le gamin refuse toute explication. Dans l'immédiat, il nous attend près d'une maison... attends, j'ai noté l'adresse...

Le Duc défroisse un papier.

— C'est ça... 316, route de Pontarlier.

J'ignore quel visage je présente, mais Chris me prend par l'épaule.

— Eh... Ça va ?

Non, ça ne va pas, pas du tout même. Mon estomac se révulse et proteste si durement que je pars en courant vomir près d'un arbre.

Pas question de se laisser aller. Terminé le temps de la manipulation. 316, route de Pontarlier... Bien, on va y aller pour la dernière explication. Oui, ce sera la dernière, je le jure. 316, route de Pontarlier... Le miroir de l'entrée me renvoie l'image d'un vieil homme, d'un type qui vient de prendre cent ans en une seconde, la face livide d'un crétin marquée de deux rides soudaines en pleine course vers la lèvre supérieure. Un film de sueur rend mon front brillant. C'est tout ce que j'ai de brillant aujourd'hui.

J'ouvre un tiroir fermé à clé et j'en sors un Luger acheté à un copain allemand. Oui, je vais à Arbois aujourd'hui, reprendre mon bien et mettre le point final à une vieille histoire qu'on m'empêche d'enterrer.

Dans le jardin, Chris n'a pas bougé.

J'inspire profondément, une fois, deux.

— Sais-tu qui habite au 316, route de Pontarlier à Arbois ?

— Comment veux-tu que je le sache ?

Je ne réponds pas et lance le moteur de la 205.

— Tu viens avec moi ?

— Cesse tes mystères. Où veux-tu que j'aille ?

— À Arbois, voir Féline.

Sa bouche ouverte forme un rond parfait. Il porte la main à ses lèvres, secoue la tête et, sans un mot, s'installe près de moi.

— Comment sais-tu que Féline habite là ?

— Lorsqu'on divorce, on confie l'affaire, si je puis dire, à un avocat. Il faut bien qu'il connaisse l'adresse des parties en cause.

— Tu n'as jamais cherché à la revoir ?

— Il est écrit : « Sors-la de ton sein ! Détruis ! »

— Tu lis la Bible, maintenant ?

— Ça m'arrive lorsque je cherche des réponses à des questions qui n'en ont pas. Pour moi, Féline n'existe plus et s'il ne s'agissait pas du gamin et du camion, je n'aurais pas bougé de chez moi. Je sais maintenant que je suis guéri, mais je veux aussi qu'elle me foute définitivement la paix.

Arbois.

Je dépasse la maison, gare la voiture sur le bas-côté.

Le Luger quitte mon blouson. Je le glisse dans ma ceinture.

Chris m'interroge du regard.

— Je n'aime pas les surprises, vaut mieux être prêt lorsqu'on chasse des serpents à sonnette. Si Féline avait vécu auprès d'Adam, c'est le serpent qui se serait fait rouler. Heureusement pour lui, elle n'était pas née à cette époque.

La maison est là, enfermée dans un jardin qui forme un écrin.

Tout est paisible. Les volets des fenêtres paraissent hermétiquement clos.

Sonnette. Aucun écho. J'insiste. En vain. J'appelle. Il n'y a pas un être vivant au numéro que j'ai appelé. Michel reste invisible.

Sans hésiter, j'escalade la barrière de bois et avance vers la porte de derrière. Chris me rejoint. Armé d'un démonte-pneu, mon équipier s'attaque à la porte. Gagné ! C'est enfin ouvert.

J'allume, au fur et à mesure que je découvre les pièces du pavillon. Rien à dire, elle a du goût, l'ex-madame Florian, mon ex. C'est discret, chaud, élégant. Un bordel de luxe. Je m'en veux de me laisser aller à la rancune et je retire « de luxe ».

Fouille rapide. Je suis venu pour rien.

Pas tout à fait. Une voix résonne derrière Chris, une voix sans équivoque.

— Les mains en l'air.

Dans ce cas-là, on obéit d'abord, on discute ensuite.

Je lève les bras.

Ils sont deux, armés de P.38. L'un, au visage marqué de taches brunes, présente une lourde silhouette garnie d'un bedon et d'une sorte de boule graisseuse dans le dos, à hauteur des reins. Un polichinelle géant, une marionnette difforme, ce gus.

Son acolyte arbore une casquette de marine et répond au doux prénom de Takis.

Sur un ordre de Pinocchio, le marin nous fouille et confisque mon Luger et le couteau de Chris.

— Que faites-vous ici ?

— Je cherche une femme.

Il rit. Un rire que je n'aime pas, un rire gras.

— Tout le monde cherche une femme, quel que soit son sexe d'ailleurs. Mais assez plaisanté, que faites-vous ici ?

— Et vous ? Du tourisme, je suppose...

Son poing atterrit dans mon estomac. La nausée revient.

Il attend que je reprenne mon souffle et me plante son pistolet dans les côtes.

— Dernière question, ensuite je tire. Que faites-vous ici ?

Je plonge et lui raconte le vol de mon camion.

— Mais pourquoi venir le chercher ici ?

— Parce qu'ici habite une dame, une certaine Céline, Sandra, Jacqueline Vindey dont j'ai été le légitime époux. Nous sommes divorcés et j'ai d'excellentes raisons de croire qu'elle est mêlée au vol.

Le P.38 ne vise plus ma poitrine.

— Et vous ne savez pas, naturellement, où est passée l'ex-madame... C'est quoi déjà votre nom ?

— Je ne vous l'ai pas encore dit. Je m'appelle Paul-Jacques Florian.

Il lève un sourcil.

— Ah, c'est vous, Péji !

— Comment le savez-vous ?

Son rire s'élève dans la pièce. Je fais un mouvement en avant. Le P.38 se dresse aussitôt. Belle érection spontanée !

— Avec Céline, rien ne reste secret, tout sur la place publique, comme chez toutes les putes du monde. Moi, j'ai plutôt de l'estime pour vous.

— Comment connaissez-vous Céline ?

— J'ai fait mes études à Besançon. Je l'ai connue là, bibliquement, évangéliquement, coraniquement, dans toutes les positions, toutes les attitudes et toutes les confessions. Ce n'est pas une femme, c'est un fonds de commerce œcuménique, cet être-là.

D'un coup, je le trouve moins antipathique, ce poussah.

Le revolver pend au bout de sa main. Il arpente la pièce, me dévisage longuement.

— Je dois vraiment croire que vous ignorez où se trouve Céline ?

— Peu m'importe que vous me croyiez. Si je le savais, je ne serais pas ici.

La marine intervient.

— Qu'est-ce qu'on fait, Turzim ? Ils prennent de l'avance pendant que nous tâtonnons ici.

— Aucune importance, je sais où les retrouver.

Gras-double nous fait face de nouveau.

— Pour gagner du temps, vous deux... vous allez nous aider à fouiller la maison.

— Que devons-nous chercher ?

— Je ne sais pas exactement. Un sac, une bourse, une mallette. Tout ce qui ressemble à un bagage susceptible de contenir...

— De contenir quoi ? demande Chris.

— Occupez-vous du contenant, quant au contenu, c'est mon affaire.

— On commence par quoi ?

— Vous et Takis fouillerez le premier étage. Chris et moi, nous chercherons ici.

Du doigt, il désigne le P.38 glissé dans sa ceinture.

— Pas de blagues... s'il vous plaît.

Tout a été ouvert, fouillé, secoué, sondé, retourné. Deux heures de travail sans remettre les objets en ordre, et toute l'intimité d'une maison s'étale maintenant en vrac ou en tas dans les différentes pièces.

— On va terminer, ensemble, par le garage et la cave.

Même motif, même punition, même fiasco.

Turzim ouvre une bouteille de vin jaune, l'ouvre et nous verse à boire. Rien ne sert de bouder. Je goûte sans trinquer.

Le marin s'adresse au Gros dans une langue que je ne connais pas. L'autre approuve de la tête.

Il s'empare du téléphone, compose un numéro. Je ne comprends rien à ce qu'il raconte. Bref entretien. Son verre vidé, il s'en verse un second.

— Ils vont en Espagne.

— Qui, « ils » ?

— Féline et son gigolo.

Une crise de fou rire me plie soudain en deux.

Impossible de m'arrêter. Je ris, me tord, me boyaute. Féline et son gigolo...

Et je reçois une gifle monumentale. Je fais un bond en arrière et m'arrête net devant le P.38 sorti de sa cache à la vitesse d'un cobra.

— Ne ris jamais de cette femme, Péji, jamais. Compris ?

Non, je ne comprends rien, mais je préfère être à ma place qu'à celle de l'amant de permanence, si jamais Turzim met la main dessus.

— On y va.

— Parfait, salut !

— Non, vous venez avec nous.

— Mais pourquoi ? Courir après cette pute, c'est votre affaire, pas la mienne.

— Vous êtes mêlés, malgré vous, à une grosse histoire, et il n'est pas question que je vous laisse en liberté avant que tout soit fini. Parole d'honneur, je vous lâcherai après.

Je ne crois pas tellement à la qualité de son honneur, mais il faut vivre dangereusement, surtout lorsqu'on n'a pas le choix.

— Chris, tu monteras à l'avant de la Mercedes, près de Takis. Il conduira. Péji, tu t'installeras à l'arrière avec moi. Si vous faites les clowns, je vous abattrais sans pleurer.

Nous embarquons dans une Mercedes grise.

Turzim consulte une carte. La voiture prend la route de Besançon.

Turzim m'intrigue. Ce n'est vraiment pas le genre de mon ex. Oh... mais qu'est-ce que j'en sais ? J'ai, de plus en plus, le sentiment d'avoir vécu avec une photocopie, une ombre. Une ombre chaude que je n'ai pas réellement connue, une femme transparente, une femme de verre. Je me mets à rêver à la femme invisible. Curieux qu'il n'y ait jamais eu de film sur ce thème. C'est toujours l'homme qui est invisible au cinoche. Dans la vie aussi d'ailleurs, exemple Péji, Paul-Jacques en personne, fantôme de lui-même, de ses rêves, à la recherche de... et puis, flûte ! J'en suis sorti. Que Féline coure les chemins avec un, deux ou trente-six gigolos, qu'elle vive en communauté avec tous les harengs, maquereaux et autres clupéidés de l'océan, ce n'est plus mon affaire. Mêlée à un trafic... soit ! Moi, dans cette partie, je ne suis plus qu'un spectateur. Je ne veux que m'en sortir vivant et récupérer le gamin et le camion. Quant au reste... Vogue la galère !

La Mercedes roule en silence. Je n'ai jamais eu une charrette pareille entre les mains. Ça chantonne en cadence, un moulin pareil.

Turzim, muet, regarde la route.

25
Michel

La bête ronronne et roule vers le sud dans un trafic dense.

Elle... Collée à Franz, sa tête se pose parfois sur l'épaule du routier.

Ils parlent peu, n'échangent que des renseignements du genre : « On passera la frontière à Biriatou. »

Le frigo descend vers les Pyrénées.

Halte ! Douane. On passe sans problème.

Saint-Sébastien, derrière nous, révèle sa baie en demi-lune aspergée de soleil.

Il fait chaud. Décidément, les routiers sont des hommes d'acier. Comment peut-on rester au bout de bois durant des heures, avec une menace qui surgit à chaque tournant.

— C'est encore loin ?

— Non, on va bientôt quitter la nationale. Dans trente bornes, tu prendras, à gauche, un chemin que je t'indiquerai.

— Tu n'as pas soif ?

— Si. Tu t'arrêteras au prochain parking-buvette,

à trois kilomètres d'ici. Une pause nous fera du bien.

À moi aussi... Elle a toujours cette voix cassée que j'aime tant.

Une baraque marquée « Cantina » se dresse près d'un lac de poussière créé par les mille-pattes qui viennent souffler là un instant. Ils sont bien une douzaine, de toutes marques, de tous pays, avec leurs plaques T.I.R.

Elle... Je vois sa main se tendre vers la couchette et s'emparer du sac qu'elle y a posé. Le couple s'éjecte.

Qu'est-ce que je fais ? J'ai soif et la route risque de durer avec toute cette foule de voitures qui dévale vers la côte.

De ma couchette, je vois le couple s'éloigner et s'installer à l'intérieur du café. Tant pis, j'y vais. Ma vessie, non plus, ne peut plus attendre.

Je file à l'arrière du troquet, trouve des toilettes et me passe longuement la tête sous le robinet. Je bois à grandes goulées. Et je redeviens chasseur, planqué derrière un arbre d'où j'ai tout le terre-plein en enfilade.

J'attends...

Un homme, venu du bistrot, avance vers un Iveco garé près de la flèche indiquant la sortie du parking. C'est un gars costaud, au torse enveloppé d'un tee-shirt. Il marche en buvant un soda au goulot.

Un driver descend d'un Volvo garé bord à bord. Il arbore une bedaine confortable planquée dans un pantalon de velours mastic. Une moustache, à la gauloise, masque une partie de son visage. L'homme tient une clé anglaise. Il s'adresse au routier qui s'apprête à repartir aux commandes de l'Iveco.

— Descends ! J'ai à te parler.

L'autre hausse les épaules et lance son moulin.

— Je n'ai rien à te dire, pousse-toi.

— Je t'ai dégonflé un pneu. Descends !

J'enregistre le cri de fureur suivi de l'insulte classique.

— La putain de ta mère ! T'as raison, on va régler ça. Pour solde de tout compte. Salaud !

— Range ta clé ! On va s'expliquer entre hommes, à mains nues.

Rien à dire, ils s'y connaissent tous les deux. Les poings volent, arrivent avec des impacts sourds. Esquives. Halètements. La sueur creuse des rigoles dans les visages noirs de poussière. Personne ne recule.

— Faut avoir une parole quand on est dans le trafic.

— De quoi te mêles-tu ?

— Tu m'as pris mon chargement. Le transport de viande, c'est mon bizness. Une petite leçon te fera du bien pour l'avenir.

— Va te faire foutre.

Les poings repartent, touchent, brûlent.

Le costaud en tee-shirt perd l'équilibre, heurte son camion. Le choc déclenche un écho. On entend, en sourdine : « À boire, à boire ! »

Le nez du moustachu éclate.

Côté Iveco, la rumeur enfle.

— À boire... O... O... À boire !

Le conducteur du Volvo frappe son adversaire à l'estomac.

— Y'a combien de temps qu'elles n'ont pas bu, tes bêtes ?

— Depuis hier midi. Il y avait trop de monde sur la route.

— Fumier ! Ça fait trente heures ! Avec cette canicule... Faut respecter le fret, connard, ne jamais abîmer les cargaisons.

— Qu'est-ce que tu crois, minable, que je conduis une ambulance du Samu ?

Tee-shirt recule.

Moi, je regarde. Heureusement que des salauds pareils, il n'y en a pas beaucoup chez les routiers. Ceux-là font partie du paquet dont « il faut de tout pour faire une route », comme disait le père.

Un cri surgit du parking.

— 22... La renifle !

De chaque côté de l'aire de repos, des gardes civils cadenassent les sorties. De deux voitures banalisées, des douaniers, en uniforme, se déploient en éventail.

Une plainte jaillit de l'Iveco, arrive à l'extérieur comme un cri de nourrisson.

— À boire ! De l'eau ! À boire !

Un garde s'approche, déboucle les portes. Une série de placards s'aligne sur les flancs du bahut. On dirait les vestiaires du C.S.O.B.B., mon club de basket.

Le cri s'est fait clameur.

— De l'eau... de l'eau !

Des coups résonnent sur le bois des armoires. Deux uniformes grimpent dans la caisse. Les verrous des penderies sautent. Dans chacune d'elles, trois silhouettes sont debout, serrées l'une contre l'autre. Des sardines verticales à gueules humaines. Une odeur de fauve jaillit des placards, envahit tout le camion. Des hommes surgissent, des hommes noirs, éblouis par la clarté trop vive du soleil. Des Sénégalais ! J'ignore s'ils le sont vraiment, mais le père disait quand il voyait un Black : « Tiens, un Sénégalais ! », et j'ai pris la même habitude.

Un douanier s'avance. Il interroge en espagnol, puis en français.

— D'où viens-tu ?

— De Bamako, au Mali. À boire, chef, s'il te plaît, de l'eau !

— Tu boiras à la caserne. Comment es-tu entré en Espagne ?

— À Tanger, j'ai pris le bateau. Donne-moi de l'eau, chef !

— Après. Raconte.

— Le capitaine du bateau m'a donné une chambre à air gonflée comme ceinture de sauvetage. J'ai dû sauter à l'eau près de la côte. Pareil pour tous. À boire, s'il te plaît ! Je ne voulais pas sauter. Je disais au capitaine que j'allais me noyer, que je n'arriverais pas à la plage.

— Si Allah veut que tu arrives, tu arriveras. Et s'il ne veut pas... Inch'Allah !

Il m'a poussé à la mer.

— Mettez-vous en colonne. En route.

Sur le parking, trente Noirs aux vêtements gris fripés, aux visages gris de poussière, de fatigue et de désespoir avancent sur le ciment gris.

Devant son Coca glacé, une fillette interroge son père.

— Pourquoi les gardes ? Qu'est-ce qu'ils ont fait ?

— Rien. Ils sont seulement nés à Malchance-sur Misère.

— Qu'est-ce que tu racontes, papa ?

— Ne fais pas attention, je divague. Mets-toi bien dans la tête qu'un pauvre est toujours suspect et qu'un immigré pauvre est toujours coupable. En plus, ceux-là sont noirs. C'est comme s'ils étaient déjà morts. Allez, termine ton verre, on a du chemin devant nous.

— Et on ne peut rien faire ?

— Si, prier.

De mon coin, je vois Franz faire signe au garçon. Je pars en courant et regagne mon perchoir.

Le rideau se lève de nouveau sur la route encombrée. C'est Franz qui enchaîne.

— Faudra faire attention au retour. Tu as vu le paquet de gardes déployés par ici ? L'Europe ne veut plus d'immigrés.

— Normal, ce ne sont pas des hommes, seulement de la main-d'œuvre. Les pays industriels les ont trop importés au temps de la prospérité. Aujourd'hui, ils n'en ont plus l'usage. Ce n'est plus qu'une matière première comme une autre. Et c'est plus cher à faire vivre que de délocaliser, alors sa valeur descend, le krach boursier, quoi !... La loi du marché, Franz, c'est toujours la loi du marché. Cela dit, j'ai un itinéraire sûr. Faut simplement savoir conduire sur les routes que j'ai choisies. Et ça aussi, tu sais...

Elle... glisse sa main vers le cou du conducteur.

Très vite, Franz quitte la grande voie et s'engage dans un chemin étroit. La route n'est plus goudronnée et mène à une vaste cour de ferme.

— Ouf ! On y est.

J'ai les reins en compote à force de me contorsionner.

Cinq hommes nous font face, immobiles.

Le frigo s'arrête.

Le groupe, au complet, entre dans la ferme.

Je balance entre la tristesse et la colère. Pourquoi est-ce que je lui en veux, à cette fille ? Après tout, elle ne me doit rien. Il est temps pour moi d'abandonner la partie. M'orienter et téléphoner à Péji, voilà ce qu'il me reste à faire.

Une idée me vient. Une petite vengeance mesquine de gamin, histoire de l'embêter, *Elle*. Je m'empare du sac de toile qu'elle a laissé sur la couchette. Il ne s'agit pas d'un oubli de sa part. Ici, dans cette cour, personne ne touchera au camion.

Sans bruit, je quitte le mille-pattes et m'éloigne. Protégé par la caisse du bahut, je reste invisible des habitants de la maison.

Très vite, je retrouve le chemin de terre. Le sac

pèse lourd au bout de ma main. Je n'aurais jamais cru que du linge pouvait peser une tonne. Je fais cinquante mètres et déniche une cabane posée sur le bord de la route et dont la porte ne ferme qu'avec un loquet de bois. C'est sûrement une baraque à outils utilisée par un jardinier ou un paysan du coin.

J'ouvre la porte et ne trouve que du vide, sauf une odeur curieuse de légumes en décomposition qui envahit l'atmosphère. Ras le bol de traîner ce sac. Je vais le laisser là.

Au-dessus de ma tête, une poutrelle s'élance pour former une potence. Je grimpe pour l'atteindre. C'est dur avec ce maudit sac qui pèse maintenant au moins cent tonnes. Je le glisse à gauche, entre l'arbalétrier et la contre-fiche. J'ai appris ça de mon vieux, charpentier comme Joseph avant de devenir routier. C'est lui qui m'a construit, de ses mains, ma cabane de trappeur au fond du jardin. C'est là que j'aime à me retrouver avec Caro, ma copine. Curieux, j'ai du mal à me souvenir de son visage.

Je glisse à terre, referme le loquet et reprends ma route.

Au loin, une volée de poussière m'annonce une voiture. Je file dans le fossé, juste à temps pour laisser le passage à une camionnette escortée d'une aigrette de sable roux. La Peugeot s'engouffre dans la cour de la ferme.

Le moteur s'arrête. Long silence. Cris.

— Fuera ! Fuera ! Pronto !

Une dizaine d'hommes descendent de la voiture et se dirigent vers le bâtiment.

Tout ça ne me concerne plus. Je ne cherche qu'une cabine téléphonique. Le soir descend. Un carrefour fléché se pointe au bout du chemin. Je vais enfin pouvoir m'orienter.

Nouveau bruit de moteur. Une voiture arrive à petite vitesse. Je n'aurais pas bougé si ses lumières avaient été allumées. Je me planque derrière un rideau de cyprès. Tous feux éteints, une Mercedes grise passe devant moi.

Je rêve. C'est sûr, je rêve. À l'avant, Chris se tient appuyé à la portière droite tandis qu'à l'arrière, Péji, la tête renversée, semble dormir.

La voiture ne continue pas jusqu'à la ferme. Elle s'arrête à hauteur de la cabane. L'homme assis près de Chris s'éjecte du carrosse.

Tranquille, le bonhomme inspecte les lieux, ouvre la porte du cagibi, la referme.

— Personne. Venez, vous autres.

Les trois autres passagers de la Mercedes sortent à leur tour. Ils avancent en file indienne, guidés par un grand gaillard à la bedaine énorme.

À l'arrière-garde, le type de la cabane ferme la marche. Il tient un revolver à la main. On dirait que Péji et Chris ne sont pas libres de leurs mouvements. Je décide d'en avoir le cœur net. De toute façon, ce sont mes amis et je leur dois aide et assistance, comme on dit dans les livres d'espionnage.

Je reviens vers la ferme.

Les quatre hommes se sont arrêtés derrière le camion.

Court conciliabule à voix basse. Le groupe se

scinde en deux : d'un côté, Péji et le pistolero, de l'autre, Chris et Gros-bide. Ils avancent à l'abri des arbres.

La nuit est maintenant complète. Je devine plus que je ne distingue les hommes et les choses.

La porte de la maison s'ouvre en grand. Un rectangle de lumière éclaire le terre-plein devant le camion.

Deux hommes paraissent. Ils bavardent en espagnol. L'un fait un geste vers l'intérieur de la ferme. Un groupe surgit du bâtiment, s'arrête dans la zone éclairée. Oh ! Encore des Sénégalais.

Elle et Franz sortent à leur tour. J'entends des bruits divers et un ordre : « Silencio ! »

Les sons se font plus précis. On charge la belle-mère. À la lueur d'une lampe de poche, un homme s'affaire sur les portes arrière refermées.

— Les plombs sont en place ?

C'est la voix de Franz qui interroge.

— T'en fais pas, amigo, Manolo est le meilleur de tout le circuit lorsqu'il plombe un camion. Le roi des douaniers, lui-même, s'inclinerait devant un boulot pareil. Tu peux partir tranquille.

— Je vérifie et on y va.

— On peut dire que tu es desconfiado, toi !

— Je fais ce que je peux, l'ami. Monte, Céline, on y va.

Les phares s'allument et découpent un trapèze de feu sur la terre rouge.

Lentement, Franz vire et s'engage sur le chemin de terre.

Je me réfugie de nouveau dans le fossé. Je veux savoir ce que deviennent Chris et Péji.

Moteur. La Mercedes est de retour. Les hommes du bibendum-circus s'éjectent et entrent dans la ferme. Je reste dans mon abri. Le temps passe. Les cinq hommes entrevus lors de mon arrivée se précipitent à l'arrière de la bâtisse. Démarreur. Une Seat passe en trombe.

À leur tour, mes amis et leurs gardes réapparaissent et embarquent dans la Mercedes. La voiture prend la même direction que le bahut de Péji.

Je ne peux plus faire qu'une chose, essayer de prévenir la police. Mais vaut mieux que je rentre en France pour ça. Ici, personne ne me croira, je suis trop jeune et je ne parle pas l'espagnol.

Et là, dans mon trou, je redeviens un enfant de la préhistoire. Ça fait du bien de redevenir un gamin. C'est la première fois depuis mon départ de Bayonne, il y a deux siècles de ça. J'ai peur. Très peur, soudain. La tête dans les bras, je pleure.

26

Franz

Féline m'indique la route à suivre. Je passe San Miguel de Aralar, évite Pampelune. La route escalade des plateaux pyrénéens couverts de forêts. Je n'aurais jamais cru l'Espagne si vertc.

— Où sommes-nous ?

— En Navarre. Il y a peu de trafic par ici et nous ne risquons que des patrouilles volantes.

Un couple surgit dans la lueur des phares, disparaît dans le sous-bois.

Amants ? Contrebandiers ? Clandestins ? Je revois mon passage de la frontière italienne en compagnie de Daria. J'en frissonne encore de peur et de rage.

— Passe-moi une cigarette.

La flamme d'un briquet illumine la cabine.

J'inhale la fumée, passe la Gitane à Féline. Le moment est venu de crever l'abcès.

— Qu'est-ce que tu faisais chez les Yougos ?

Sa maîtrise d'elle-même, je la connais, mais là, j'admire. Elle ne bronche pas, rejette la fumée par le nez, me tend la cigarette.

— Je ne comprends pas. Qu'est-ce que tu racontes ?

Je vois... Il va falloir que je l'aide, cette enfant innocente.

— La broche... la broche que je t'ai donnée à Mulhouse, je ne l'ai pas trouvée à l'hôtel à Mulhouse mais dans mon camion détruit en Italie.

— Coïncidence, sans doute. Tu crois qu'il n'y a qu'une broche de ce modèle dans le monde.

— Non, c'est vrai. Mais celle-là possède la particularité d'avoir une jambe brisée et je l'ai vue sur toi lorsque tu vivais avec Péji. Il détenait le pendant masculin de cette figurine. J'attends...

— Tu vas attendre longtemps. Au prochain carrefour, tu me laisseras descendre. Tu prendras à droite et, après une auberge planquée sous les arbres, tu seras en France.

— Désolé, tu ne descendras pas. Qui t'a dit ce que j'allais faire en Turquie ?

— C'est un interrogatoire ?

— Si tu veux. Je ne t'ai jamais donné le motif de mon voyage à Istanbul. Qui t'a parlé d'un trafic de barbaque, selon ton expression lorsque je t'ai téléphoné d'Italie ? Il n'y a qu'un endroit où tu as pu perdre la broche, c'est à Lazio, près de Rijeka, lorsque le camion m'a été volé.

— Je n'ai pas bougé d'Arbois durant ton voyage.

— Qui t'a aidé à faire le coup ? Gino, n'est-ce pas ?

— Qui est-ce ? Un vainqueur du Giro ? Après ce village, nous arriverons au carrefour. Tu t'arrêteras là.

Pas possible. Elle ne croit quand même pas que je vais la laisser partir maintenant ?

Les phares éclairent une route déserte. La montre de bord indique deux heures moins dix. Je m'arrête à la sortie du patelin et dégage sur une aire de stationnement. Le diesel tourne au ralenti.

— Assez joué. Je résume. Je ramène de Turquie un chargement de clandestins, avec les risques coutumiers à ce genre de voyage. Or, je me retrouve, en plus, avec un tas de problèmes dont, finalement, tu es le point central.

— Je ne suis rien du tout. Je n'ai jamais mis les pieds à Istanbul ou ailleurs dans ce pays paumé. Roule. En restant là, on augmente le danger d'un contrôle routier. La frontière est à cinq minutes.

— Quelqu'un t'a avertie de mon travail entre Topkapi et la France. En fait, je suis persuadé que tout ça ne servait qu'à masquer un trafic autrement important que le passage de trente Kurdes paumés. Le camion transportait autre chose dont toi et une bande de malfrats cherchiez à vous emparer. C.Q.F.D.

Son sourire ironique provoque en moi une colère si soudaine que je saisis Féline par le col de son blouson et l'attire vers moi.

— Lâche-moi, espèce de brute ! Si tu dis vrai, pourquoi n'as-tu pas fouillé le camion ?

Elle est là, collée à moi, avec l'odeur de ce parfum si particulier dont elle est, à ma connaissance, la seule utilisatrice. Elle étincelle de beauté avec cette rage folle qui brille dans ses yeux, mais cette fois le sortilège ne joue plus, le désir est aux abonnés absents.

— Je l'ai fait, figure-toi, et plutôt deux fois qu'une. Avec mon boss, ce Turzim de malheur, j'ai mis le tracteur et la belle-mère en pièces détachées. Et sais-tu ce qu'il contenait le bahut... Le sais-tu ? Bien sûr que tu le sais puisque, la première, tu as récupéré la cargaison. C'était quoi, ce fret de malheur ? De la coke ? De l'héroïne ? Les plans d'un canon à hélice pour un fou du Moyen-Orient ? Un sac ?

Un sac... La lueur jaillit dans ma tête, aussi éblouissante que les phares de la voiture sortie, en face, de la nuit noire.

Je suis dédoublé. Je regarde, dans le rétro, la voiture entrer dans le village proche et je vois, en surimpression, Féline embarquer à Arbois et poser un sac de toile dans la couchette.

— Le sac !

Je crie et me redresse. Dressé sur le siège, j'abats la main sur la couchette qui domine le poste de pilotage.

— Bon Dieu, le sac !

— Assis !

Féline braque sur moi un petit pistolet nickelé surgi du néant. À cette distance, même ce genre de calibre ferait des dégâts irréparables si...

— Oui, assis. Recule et colle-toi à la portière. De toute façon, je ne revenais pas avec toi. Mon voyage s'arrêtait à cinq cents mètres d'ici. Pourquoi crois-tu que j'avais besoin de toi pour aller en Espagne sinon pour me protéger de Turzim ? Avec Robert à l'arrière-garde et toi à mes côtés, je me croyais parée, mais l'autre ringard ne s'est pas montré et, toi, tu te révèles trop fûté à mon goût.

Impossible de réagir. Le coup me laisse vidé, assommé par l'évidence : Turzim ! Turzim et elle ! Et Franz, le pigeon...

Mon rire tonne dans la cabine. Turzim ! Et le plus malin des deux n'était pas celui qu'on pense. Turzim ! L'Airbag de choc doublé par cette Cartouche en jupon, aidée de Gino ! Ça crève les yeux, et je ris si fort qu'elle me colle l'automatique sur le cœur.

— Je vais prendre le sac et descendre doucement. Si tu fais un seul mouvement de travers, je te troue la poitrine.

Coup de reins. À genoux, sa main explore la couchette, glisse de droite à gauche, revient. Je la vois pâlir, se décomposer, serrer les dents.

— Le sac a disparu.

Le pistolet se rabat vers la banquette.

— Regarde, toi.

J'hésite. Elle ne va quand même pas me flinguer dans le dos ? À mon tour, à genoux, je fouille la niche qui sert de dortoir sur un grand trajet.

— Passe-moi la torche, celle de la boîte à gants.

J'éclaire le vide absolu. Rien de visible en dehors du matelas et de quelques objets de toilette suspendus dans le fond.

Le canon de l'arme s'encastre dans mes vertèbres.

— C'est toi qui as pris le sac. Ce ne peut être que toi. Où est-il ?

Sa voix tremble d'une fureur qui risque, à chaque seconde, de tout faire sauter.

— Idiote ! Je ne t'ai pas quittée un seul instant. À la pause, à la Cantina, tu avais sorti le sac du camion. Tu l'as même emporté aux toilettes et tu l'as reposé au-dessus de ta tête lorsque nous sommes repartis.

Visiblement, mon argument porte. Elle pose le pistolet sur les genoux, appuie ses coudes sur le tableau de bord, laisse son visage en appui contre ses mains ouvertes. Ses yeux sont à demi clos.

— C'est vrai, tu ne m'as pas quittée depuis le départ d'Arbois. Mais alors, où est ce sac ?

La portière s'est brusquement ouverte et une voix, que je connais bien, jaillit de la nuit et interroge.

— C'est ce que je veux savoir, moi aussi ? Où est ce sac ?

C'est Turzim. La boucle est bouclée.

— Pose ton arme contre le pare-brise, Féline, et descends sans faux mouvement. Toi, l'idiot de service, tu suivras après. Touche au pistolet et tu es mort. J'ignore comment tu t'en es sorti en Italie mais tu ne survivras pas deux fois.

Je connais trop bien l'animal pour désobéir.

— Avancez dans la lueur des phares.

Féline ne bouge pas.

— Allez, ma chérie, fais ce que je te dis.

— Turzim ! Je ne suis pour rien dans cette affaire. C'est ce salaud qui a tout manigancé.

Son index pointe vers moi.

— Et il t'a menacée de mort si tu n'obéissais pas, c'est bien ça ?

Féline avance d'un pas, enveloppe l'Airbag de ses bras.

— Tu as tout compris. Que je suis heureuse de te revoir !

— Pas autant que moi. Mais d'abord, où est le sac ?

— Si je le savais, on ne serait pas là à en discuter.

— Là, je te crois. Tu avais largement de quoi te retirer avec son contenu, et sans risque sur la solvabilité des caisses de retraite. Où est-il passé ?

— Je n'ai pas quitté Franz de la journée. Il n'a donc pu disparaître qu'à la ferme de Paco. Je ne vois qu'un de ses hommes pour avoir fait le coup mais, là encore, je ne comprends rien, nous étions ensemble à chaque instant. C'est Paco qui t'a donné notre itinéraire ?

— Oui, personne ne fait de difficultés devant le P.38 de Takis.

Je cogite. C'est vrai qu'aucun de nous n'a pu s'emparer de ce maudit sac.

— Ce ne peut être que quelqu'un de la ferme. Féline dit vrai, nous sommes restés inséparables, toute la journée.

Turzim arrive naturellement à la même conclusion.

— Va falloir que Paco s'explique, lui aussi, et sans tarder.

— Dis-moi, Turzim, quel était le but réel du voyage ?

— Amener le contenu du sac en France.

— Qu'est-ce qu'il contient ?

— Demande-le à cette chère enfant, mon équipière adorée en affaires, lorsque je traite en France, ma meilleure correspondante au lit depuis notre rencontre durant mes études à Besançon. J'ai retrouvé cette dame, un jour que je cherchais un transitaire pour régler un problème de fret. Du vrai, pas des Kurdes en détresse. Ceux-là, à l'avenir, je les laisserai aux organismes de charité. À chacun son métier.

La jalousie reprend ses droits. Féline et ce...

— Vous avez vécu ensemble ?

— Comme tu vois, personne n'est parfait. Une chambre dans le quartier du Battant, près de la citadelle, j'avoue que j'y ai connu de bons moments. Faut dire qu'elle a des dons, cette dame, des dons exceptionnels, dit-il pensif.

— Et moi ? Qu'est-ce que je fais dans le décor ?

— C'est elle qui a eu l'idée de t'utiliser. Après tout, la route, c'est ton vrai boulot. Tu devrais t'y cantonner et ne pas sortir des sentiers battus. Laisse ça aux pros comme Féline et moi.

— Qui a tué Gino ? Les Kurdes ?

— Non, ce gros malin, après m'avoir doublé en volant le camion, a essayé de truander la douce petite, ici présente. Je dois avouer qu'elle est plus dure que moi. En fait, c'est Robert, son homme de joie actuel, qui a blessé Takis et dessoudé Gino ainsi que mes hommes d'escorte. Toi, dans toute l'affaire, tu n'es qu'une doublure, qu'une utilité comme on dit au théâtre.

— Où est-il passé, le Robert en question ? Il devait assurer notre couverture à l'arrière.

Du doigt, Turzim désigne le ciel.

— Là-haut. Il n'a fallu lui couper qu'une seule

phalange pour qu'il nous raconte tout. Et Takis l'a achevé avec les mains dans un fossé du Massif central. Donc, il tue les gardes qui escortaient le camion et liquide Gino. Ce gros malin d'Italien a volé le bahut pour Féline et compris qu'il cachait quelque chose. Moralité ? Il en meurt. Ce qui n'est que justice. Mais en intervenant, il a tout faussé. La cargaison ne devait être récupérée qu'en France par mes hommes.

— Et les Kurdes ?

— Le Renault contenait 2 millions de dollars, en coupures de 1 000, réparties derrière le siège. Kim convoyait cette somme pour le compte de la résistance kurde. De nos jours, avec tout le fric qui tente de se blanchir dans le monde, les banques ne sont plus sûres, trop surveillées. En fait, il ne se doutait pas que j'allais le doubler.

— Et Kim a renoncé à son trésor sans rien faire ? Tu veux que j'avale ça.

Le Turc hausse les épaules.

— Kim et sa bande ont fouillé le camion au garage de Lazio, mais il était trop tard. Féline et son homme étaient passés avant eux. Lorsque les Kurdes t'ont récupéré, ils savaient, tous, qu'il n'y avait plus rien à bord. Ils connaissaient même l'existence de ton colt, mais ont préféré le laisser sur place.

L'intervention de Kim et de Zaïm me revient en mémoire. Décidément, j'ai été manœuvré comme un enfant.

— Pour Kim, il ne restait plus qu'à conduire ses compagnons en France, quitte à en mourir. C'était un homme d'honneur, ce Kurde, et crois-moi, ça m'a fait peine de le donner aux flics de la frontière. Mais biznesse oblige, n'est-ce pas ?

— Pourquoi cet argent ?

Turzim me regarde d'un air apitoyé, comme si j'étais un débile profond.

— Ils sont en guerre, les Kurdes. Tu l'ignorais ? Kim partait à l'Ouest pour acheter certains appuis, histoire de contrer la tactique de ses copains et néanmoins ennemis de Mésopotamie. Tu n'as pas été frappé par les soutiens, aussi divers que bizarres, que l'Irak a obtenus durant la guerre du Golfe ? Et 2 millions de dollars, même pour des politiciens intègres, c'est tentant. Quant à moi, de politique je n'en connais qu'une : Money first, sir !

— Et Féline ?

— Après son jackpot de Lazio, elle s'apprêtait à filer en Amérique du Sud. Elle en rêvait de ce projet, mais il lui manquait le nerf de la guerre. Et c'est moi, moi l'idiot, qui lui en ai fourni l'occasion. Une fois, une seule, je l'ai emmenée faire le voyage Topkapi/Menton. C'est là qu'elle a rencontré, par mon entremise, le signor Gino. Mais dis-moi, Franz, comment t'en es-tu sorti en Italie ?

Je lui raconte mon équipée.

— Et c'est Daria qui t'a donné la broche ?

— Oui. En réalité, elle est faite de deux parties complémentaires. L'une appartient à Péji et l'autre à son ex.

— Je sais. C'est moi qui les ai offertes à Féline, au temps de la fac de Besançon. Allez, on repart à la ferme.

La main levée de Turzim fait un geste d'appel vers la zone d'ombre à l'arrière du mille-pattes. Une Mercedes vient se coller au cul du camion. Takis est au volant.

— Ouvre la porte.

Inutile de protester. Je fais sauter les plombs.

— À toi l'honneur, Féline.

— Mais je ne vais pas m'installer là-dedans. Il y a une vingtaine de bougnoules dans ce frigo.

— Tu deviens raciste en vieillissant ? Je t'ai connue moins regardante, ma chère A.Q.P., Accueil, Qualité, Prix ! Quel fabuleux surnom ! Mérité, d'ailleurs, pleinement. Tu tapines toujours pour t'amuser ?

Féline, immobile, le regarde.

Turzim braque son arme, tire. Un nuage de poussière se lève devant les pieds de Féline.

— Monte. La prochaine fois, je ne tirerai pas à côté.

Avec sa grâce habituelle, Féline se hisse sur le plateau.

— Pousse-toi, laisse une place à ton copain.

À mon tour, je grimpe sur la plate-forme.

Turzim nous regarde, hilare.

— Tu vas nous laisser là, longtemps ?

— Je reviendrai vous libérer lorsque j'aurai retrouvé le sac. Attention à la fermeture des portes automatiques.

La gifle du métal rabattu éveille un long écho dans la nuit totale qui s'abat sur nous.

Je sens Féline se glisser près de moi.

— J'ai peur, Franz !

— Ne crains rien, dans une heure, il sera de retour.

— Serre-moi contre toi, j'ai froid.

Pour la première fois, j'ai un geste fraternel à son égard et l'entoure de mon bras. En toute inimitié.

27

Paul-Jacques dit Péji

Chez Paco, de nouveau, nous ne trouvons qu'une maison vide.

La veille, notre irruption a fait sensation. L'explication très brève s'est faite sous l'arbitrage des P.38 du Turc et de son acolyte. Très vite, l'hôte espagnol a expliqué à Turzim l'itinéraire prévu pour mon camion.

Pas un chat dans la montagne. Les Pyrénées franchies, Turzim s'arrête, s'oriente sur une carte.

Sur un parking, à gauche, une tache blanche émerge de la nuit, grandit.

— Mais c'est mon camion !

— Tout à fait, dit Turzim, qui a pris les tics de langage de l'Hexagone. Tu vas comprendre tout ce qui s'est passé.

Il m'explique qu'il court après un trésor volé par mon ex... Que Féline est une... Je me censure moi-même tant l'image, orientale, n'a pas d'équivalent en français.

Récit des aventures de Franz : je bois du petit lait.

J'ai beau avoir été élevé religieusement, il y a des pardons qui passent mal.

La voiture vire dans un village endormi, fait demi-tour.

— Toi et ton copain, vous allez vous coucher sur le plancher de la voiture. Je ne veux pas de témoin.

La Mercedes stoppe. Malgré son embonpoint, Turzim avance comme un chat.

Sur ordre de Takis, je m'allonge sur le tapis tandis que Chris s'accroupit sous le tableau de bord.

Attente. Un coup de feu illumine la nuit paisible. J'entends le moteur du camion qui tourne. Turzim fait sa réapparition.

— Fonce ! On retourne chez Paco, l'argent est là-bas.

Le jour pointe et une clarté blanche et bleue éclaire la baraque de Paco.

— Ça ne sert que les jours de transit, m'explique Turzim. On va tout fouiller.

Auberge espagnole. On y trouve effectivement que ce qu'on y apporte. Ici, c'est un repaire caché de chair fraîche, on n'y vend que de la viande humaine. Turzim et son ami Paco ne sont que les deux terminus d'une même ligne : Topkapi-Pampelune ou Bamako-Pitchipoï. L'antre de l'ogre, dans cette Europe modèle, n'est plus qu'un relais de catacombes pour touristes sans visa, en route pour des horizons inaccessibles avec escales dans tous les zoos clandestins d'Occident.

Fouille, sondage, épluchage. Les pièces démantelées, une à une, pour aboutir à un fiasco total.

Nous sommes de nouveau, tous les quatre, sur le terre-plein.

Turzim se frotte le menton, fait crisser sa barbe naissante.

— Tu te demandes, sans doute, ce que je vais faire de vous deux ?

— Non, j'imagine que tu vas nous tuer.

Le Turc fait un geste affirmatif.

J'enchaîne.

— Sais-tu, toi, ce qui s'est passé à Pontarlier ?

C'est notre dernière carte. Si Chris ne comprend pas le message, un promeneur retrouvera, un jour, nos restes décomposés dans un fossé.

Latéralement, j'enregistre l'image du Duc qui recule d'un pas.

— Quoi ? Qu'est-ce qui s'est passé... où ?

Mes poings partent. Uppercut du droit, suivi d'un crochet du gauche au menton. Je ne me savais pas si fort ou si furieux. Turzim décolle sous l'impact, plane. Comme Takis, sous le « une-deux » de Chris.

— C'est à Pontarlier que Chris m'a mis K.O.

Je parle dans le vide. Turzim dort, affalé sur le marin.

Spontanément, comme font les Espagnols, nous nous sommes donné l'abrazo, le Duc et moi.

Ficelés l'un à l'autre, le Turc et son copain auront le temps de tailler une bavette lorsqu'ils reprendront connaissance, en plein soleil. Ils pourront même bronzer si ça leur chante.

Je récupère mon Luger sur Takis et nous filons vers la Mercedes.

— On passe la frontière et on avertit la gendarmerie.

— Ça marche. Je préfère m'expliquer chez nous plutôt qu'avec la Garde civile. Je me méfie toujours des traducteurs.

Je signe ma déposition lorsqu'un gendarme entre dans la pièce.

— Le camion a bien été retrouvé à l'endroit indiqué. Vous maintenez que vous n'avez rien vu lors de l'intervention de Turzim ?

— J'étais aplati sur le plancher de la voiture. Pourquoi ?

— Nous avons sorti les clandestins du camion, vingt pauvres types sans papiers. Vingt... morts !

Je me dresse d'un coup. Chris fait un mouvement si violent que son siège part à la renverse.

— Morts ! Qu'est-ce que vous chantez ?

— Morts. Morts de froid. Congelés, si vous préférez. Lorsqu'il est parti, Turzim a laissé tourner le moteur du camion et a mis en marche le compresseur de froid. Sur la position maximale.

La nausée. La douleur dans les tripes réapparaît, comme chaque fois que je me heurte à l'immense, l'incommensurable connerie humaine.

Chris se frotte le visage, comme pour chasser une image insupportable.

— Seigneur !

C'est tout ce qu'il a pu dire, mon vieux pote, *Seigneur* !

— Où sont-ils ?

— À la morgue de Pampelune avec les deux Européens qu'on a ramassés avec eux. On a trouvé des traces de griffes sur la paroi intérieure de la porte, comme s'ils avaient essayé de percer le métal. Ils étaient raides, tous les deux, et enlacés, comme si l'homme avait essayé de protéger l'autre, une femme.

Je frissonne. Et pas de froid. Les deux clandestins, en surnombre, ne peuvent être que Féline et Franz. Ou alors, Turzim nous a encore raconté des histoires.

— Vous les avez identifiés ?

— L'homme s'appelle Franz Speichers. Quant à la femme, elle n'avait pas de papiers.

— Je crois savoir qui elle est.

Nouvelle déposition, derniers détails.

Commission rogatoire.

Le lendemain, accompagnés de gendarmes en civil, Chris et moi, dans une Peugeot bleue, roulons vers l'Espagne, vers une petite ville et sa morgue.

Voilà, c'est fini.

La Loue coule, tranquille. Je regarde le flot, l'imagine en banquise bleue comme l'était Féline lorsque je l'ai identifiée dans son casier. Je ne souffre pas. Simplement, comme chaque matin depuis mon retour, la mélancolie me salue.

Le téléphone sonne. C'est Michel, enfin ! Depuis

deux jours, toute la gendarmerie de France est à sa recherche. Le gamin m'appelle de Bayonne et me raconte son odyssée.

Après une nuit passée dans un fossé, il est tombé sur un couple de Français qui remontait vers Bordeaux.

— Ne quitte pas, Péji, je te passe ma mère. Elle veut te remercier. Je te reprends après.

Salamalecs, à la bonne vôtre, merci... et tutti-frutti ! J'ai de nouveau Michel en ligne et lui raconte la fin de l'histoire. Un grand silence se fait.

— Allô ! Tu m'entends ?

— Oui, Péji, je suis là... Je sais où est le sac.

Nous roulons vers l'Espagne. Ça devient une habitude.

En compagnie de Chris, je traverse la France, arrive à Bayonne, où la mère de Michel nous accueille avec toute la chaleur des Basques, lorsqu'ils sont chaleureux. Et c'est quelque chose ! Rapide en-cas. Gésiers, confits et foie de canard.

En route pour l'Espagne.

Chris est au volant de la Golf et les kilomètres défilent.

Michel ouvre le transistor. Infos ! Ça tombe, joyeux, ubuesque, terrifiant aussi, comme chaque jour.

— *Les scandales du foot. Un nouveau club dépose son bilan. On confirme, officieusement, que les élimi-*

natoires de la Coupe du monde n'auront pas lieu à Fleury-Mérogis. Aucun gardien de Fresnes, ou d'ailleurs, ne jouera comme arbitre ou juge de touche.

— Société. Il n'y aura pas de distributeurs de préservatifs à l'entrée des lieux de culte. Prier ou copuler ! Il faut choisir.

— Espagne. Près de Pampelune, des éboueurs espagnols découvrent un sac de toile dans une cabane de stockage d'ordures. Le sac contenait 2 millions de dollars. Pour avoir fêté, à crédit, la découverte de ce trésor, les éboueurs risquent d'avoir une fin de mois difficile. L'ardoise laissée, par eux, dans les bistrots à tapas de la région ne sera jamais couverte. Les dollars, en coupures de 1 000, étaient tous faux.

Chris éclate d'un tel rire qu'il est obligé de stopper la voiture. Il ne peut plus conduire. C'est contagieux et la Golf résonne de nos cris de joie.

Je repense à Turzim, aux Kurdes, à Féline aussi. Sacré Turzim !

— Tu comprends, m'a-t-il dit, je ne trafique pas pour gagner mais seulement pour m'amuser. Mais c'est un cercle vicieux car plus je gagne et plus je m'amuse.

Il va gagner une fortune et beaucoup s'amuser dans les prisons espagnoles. Paraît qu'elles sont moches.

— Qu'est-ce qu'on fait ? demande Michel.

— On rentre. Qu'est-ce que tu veux faire d'autre ?

Renseignements pris, il se confirme que c'est bien à l'endroit indiqué par Michel, une cabane de ramassage comme il en existe dans les régions peu peuplées où les éboueurs ne passent pas tous les jours, que le sac a été trouvé.

Retour à Bayonne.

La mère du petit me donne feu vert pour l'emmener à Combloux.

— Tu viens avec nous, n'est-ce pas ?

Elle a eu un long regard sur l'enfant.

— Non, je crois que tu es mûr pour y aller seul. Vous partirez quand ?

— Demain.

Michel me tend un billet de 100 francs.

— C'est l'argent que je t'ai emprunté.

— Garde-le, tu ajouteras une rose pour moi et garde la monnaie. Ça te fera une réserve si tu reprends le trimard, un jour.

Le môme a souri.

À Sallanches, la Golf entame la grimpette vers Combloux.

Il fait beau ; dans la forêt, les arbres embaument.

Avant l'entrée de la ville, Chris stoppe la voiture. Le gamin prend les roses achetées à Annecy et se dirige vers le sous-bois.

Nous l'avons laissé seul.

Quelque chose me tracasse. Michel ne m'a pas expliqué ce qui l'a conduit, à Arbois, sur la piste de mon camion.

Je le lui demanderai.

FIN

SÉRIE NOIRE

Dernières parutions :

2220. — VENDETTA EN VENDÉE . . . . *Jacques Syreigeol*
2221. — LA CHASSE AUX MARMOTS . . . . *Richard Harper*
2222. — LE SABRE ET LE VIRUS . . . . *J. A. Jance*
2223. — LE POIDS DES MORTS ! . . . . *Stuart M. Kaminsky*
2224. — PAS DE QUARTIER ! . . . . *James E. Martin*
2225. — ROMPEZ LA GLACE . . . . *Les Roberts*
2226. — MERCENAIRE À TOUT FAIRE . . . . *Ted Wood*
2227. — LA MAFIA NE PASSERA PAS . . . . *Max Allan Collins*
2228. — LE POKER MORTEL . . . . *A. W. Gray*
2229. — LA SOUTANE EN PLOMB . . . . *Loren D. Estleman*
2230. — GARE AUX TONTONS TUEURS ! . . . . *J. P. Hailey*
2231. — LA DOULEUR DES MORTS . . . . *Hervé Le Corre*
2232. — REQUINS D'EAU TROUBLE . . . . *Robert Campbell*
2233. — LE RETOUR DE PERRY MASON . . . . *Thomas Chastain*
2234. — LE FAUBOURG DU CRIME . . . . *Marx Richard Zubro*
2235. — LE PIÈGE AU JARDINET . . . . *Marie & Joseph*
2236. — LE PARADIS DES POULETTES . . . . *Marvin Albert*
2237. — LA COURSE AU SAC . . . . *Max Allan Collins*
2238. — LA RUE DES MAUVAIS ANGES . . . . *Gerald Petievich*
2239. — LE ROYAL BOUGNAT . . . . *Joseph Bialot*
2240. — À CLAQUER DES DENTS . . . . *Marcia Muller*
2241. — NUIT APACHE . . . . *Patrick Mosconi*
2242. — UNE MORT DANS LE DJEBEL . . . . *Jacques Syreigeol*
2243. — AU PLUS NOIR DE L'HIVER . . . . *Michael Allegretto*
2244. — PAS TOUCHE AUX PAPOUS ! . . . . *Riall W. Nolan*
2245. — DRÔLES DE COUPS DE CANIF . . . . *Lawrence Block*
2246. — LA TRAQUE AUX FANTÔMES . . . . *Martin Blank*
2247. — L'HOMME AU MÉGOT . . . . *François Joly*
2248. — TA LANGUE AU CHAT ? . . . . *Karen Kijewski*
2249. — VOUS PARLEZ D'UNE PAROISSE ! . . . . . . *Hillary Waugh*
2250. — UN TÉMOIN HORS DE PRIX . . . . *Jeffrey Ashford*
2251. — ÇA BROUILLASSE À FRISCO . . . . *Marcia Muller*
2252. — LA CHASSE À LA B.D. . . . . *Ron Goulart*
2253. — L'ŒIL ÉTAIT DANS LA BOMBE . . . . *Mark Schorr*
2254. — DERNIER CARAT . . . . *Les Roberts*
2255. — LA CONFIANCE RÈGNE . . . . *Gérard Delteil*
2256. — LA MENTEUSE EST SANS PITIÉ . . . . *Loren D. Estleman*
2257. — ZAUNE. . . . . *Oppel*
2258. — LE CRÂNE EN FLEUR . . . . *Anne Wingate*
2259. — LES BAGAGES D'ICARE . . . . *Joseph Bialot*
2260. — MIRACLE EN VENDÉE . . . . *Jacques Syreigeol*

2261. — JACKPOT . . . . *Bill Pronzini*
2262. — JE T'ATTENDS AU TOURNANT . . . . *Charles Williams*
2263. — LA COMMEDIA DES RATÉS . . . . *Tonino Benacquista*
2264. — L'HOMME ZIGZAG . . . . *Marvin Albert*
2265. — GARE AUX GAILS . . . . *Michael Geller*
2266. — CIEL NOIR . . . . *Noël Simsolo*
2267. — LA POUPÉE PENDOUILLAIT . . . . *Robert B. Parker*
2268. — LE DIABLE EN ROBE BLEUE . . . . *Walter Mosley*
2269. — HISTOIRES DE FEMMES . . . . *Julius A. Lion*
2270. — UN FRAGMENT D'AGONIE . . . . *James E. Martin*
2271. — LA MORT PRÉFÈRE LES BLONDES . . . . . . *Anne Wingate*
2272. — PERRY MASSON PERSISTE ET SIGNE . . . . . *Thomas Chastain*
2273. — LES ANGES MEURENT AUSSI . . . . *Alain Bellet & Frédéric Larsen*
2274. — FUGUE EN TUEUR MAJEUR . . . . *Teri White*
2275. — LES VOYAGES DE NICK POLO . . . . *Jerry Kennealy*
2276. — VENEZ VOIR LES CADAVRES, MESDAMES. *Marie & Joseph*
2277. — LA PEAU DU VENTRILOQUE . . . . *Ron Goulart*
2278. — FANTASIA À L'OPÉRA . . . . *Stuart M. Kaminsky*
2279. — LA FOURMI QUI ABOIE . . . . *Charles West*
2280. — UNE BONNE ANNÉE POUR LES ROSES . . . . *Mark Timlin*
2281. — ET RODRIGUEZ, ALORS ? . . . . *Bill Albert*
2282. — L'ARGENT DU TURC . . . . *Arthur Lyons*
2283. — LA POUPÉE QUI TUE . . . . *John Lutz*
2284. — LE CHERCHEUR D'OR DORT . . . . *Douglas McBriarty*
2285. — LE SERPENT À PÉTROLE . . . . *Les Roberts*
2286. — CASSEZ PAS LA CASSETTE ! . . . . *Albert DiBartolomeo*
2287. — PIRAÑA MATADOR . . . . *Oppel*
2288. — COSMIX BANDITOS . . . . *A. C. Weisbecker*
2289. — UN TICKET POUR LA MORGUE . . . . *Lawrence Block*
2290. — LA BELLE DE FONTENAY . . . . *Jean-Bernard Pouy*
2291. — LA GRENOUILLE AUX PATTES D'OR . . . . . *Jonathan Fast*
2292. — UN PASSÉ PAS SI SIMPLE . . . . *Robert B. Parker*
2293. — LE BOUCHER DE CHICAGO . . . . *Robert Bloch*
2294. — CONFIDENCES SUR L'ESCALIER . . . . *Pascale Fonteneau*
2295. — FAUSSE BALLE . . . . *Paul Benjamin*
2296. — VALDEZ EST ARRIVÉ ! . . . . *Elmore Leonard*
2297. — NEC . . . . *Daniel Picouly*
2298. — ARIZONA KISS . . . . *Ray Ring*
2299. — LES RUES DE FEU . . . . *Thomas H. Cook*
2300. — TOUT FOUT LE CAMP . . . . *Bill Pronzini*
2301. — UN DÉMON AU PARADIS . . . . *Marvin Albert*
2302. — COMME DE LA PESTE . . . . *Pierre Léon*
2303. — UN TROP PLEIN DE CIEL . . . . *Robert Sims Reid*
2304. — LA REINE D'AMÉRIQUE . . . . *Russell H. Greenan*
2305. — LE MAL DU DOUBLE-BANG . . . . *Laurent Fétis*

2306. — AU COCHON AVEUGLE . . . . *Jon A. Jackson*
2307. — PORTRAIT DE FAMILLE . . . . *James Colbert*
2308. — CAVALE . . . . *Eva David*
2309. — SUR LA LIGNE BLANCHE . . . . *José-Louis Bocquet*
2310. — UNE DANSE AUX ABATTOIRS . . . . *Lawrence Block*
2311. — LE SYNDROME DU VOLCAN . . . . *Gérard Lecas*
2312. — IMPLANTS D'ENFER . . . . *Tony Kenrick*
2313. — LES ORPAILLEURS . . . . *Thierry Jonquet*
2314. — VICKI . . . . *Steve Fisher*
2315. — UNE POIRE POUR LA SOIF . . . . *James Ross*
2316. — LA PORTE DE DERRIÈRE . . . . *Marc Villard*
2317. — GAME OVER . . . . *Freddie Lafargue*
2318. — FOLIES DOUCES . . . . *Richard Matas*
2319. — VOMITO NEGRO . . . . *Jean-Gérard Imbar*
2320. — LES HABITS D'OMBRE . . . . *Cesare Battisti*
2321. — CUPIDE . . . . *Robert Sims Reid*
2322. — LE COUP DU GITAN . . . . *Gustave Harford*
2323. — SWEETWATER RANCH . . . . *Geoffrey Norman*
2324. — UNE PAIRE DE DEUX . . . . *Robert B. Parker*
2325. — ÉTATS DE LAME . . . . *Pascale Fonteneau*
2326. — LA SIRÈNE ROUGE . . . . *Maurice G. Dantec*
2327. — DU SABLE DANS LA BOUCHE . . . . *Hervé Le Corre*
2328. — CHIEN-FROID . . . . *Laurent Fétis*
2329. — LA PROIE DE L'ARAIGNÉE . . . . *Robert Bloch*
2330. — SANGLANTES CONFIDENCES . . . . *John Gregory Dunne*
2331. — IL Y A DES JOURS COMME ÇA . . . . *Jack Ritchie*
2332. — L'ENFANT DE CŒUR . . . . *Olivier Thiébaut*
2333. — MANUEL DES PERDANTS . . . . *Juan Sasturain*
2334. — LE VENT DES FOUS . . . . *Franck Pavloff*
2335. — PAS DE KADDISH POUR SYLBERSTEIN . . . . *Konop*
2336. — TRUANDS AND CO . . . . *Donald Goines*
2337. — LE CHIEN QUI CHANTE . . . . *James McClure*
2338. — UNE VALSE AU TEXAS . . . . *Max Crawford*
2339. — LE JEU DU PETIT POUCET . . . . *Jacques Mondoloni*
2340. — CORVETTE DE NUIT . . . . *Marc Villard*
2341. — LES CHAPACANS . . . . *Michèle Courbou*
2342. — L'ANGE ET LE RÉSERVOIR DE LIQUIDE À FREINS . . . . *Alix de Saint-André*
2343. — QUITTER KAT . . . . *Karen Kijewski*
2344. — MEURTRES POUR DE VRAI . . . . *Marc Gerald*
2345. — TIR À VUE . . . . *Serge Quadruppani*
2346. — LES LARMES DU CHEF . . . . *Daniel Picouly*
2347. — RETOUR DE BÂTON . . . . *A. B. Guthrie*
2348. — DERNIÈRE STATION AVANT JÉRUSALEM . . . . *Alain Demouzon*
2349. — POINT MORT . . . . *José-Louis Bocquet*

2350. — LES GUERRIERS DE L'ENFER . . . . *Robert Stone*
2351. — MOURIR APRÈS LA GUERRE . . . . *Max Allan Collins*
2352. — LA GRANDE MAGOUILLE DE 1944 . . . . . . *Andrew Bergman*
2353. — LE PENSEUR DE VALLORBE . . . . *Eliane K. Arav*
2354. — LE PENDU D'HOLLYWOOD . . . . *Andrew Bergman*
2355. — ŒDIPE-ROI . . . .
2356. — TRÈS PRIVÉ . . . . *Alexandre Valletti*
2357. — COUP DE CHAUD . . . . *Philip Lee Williams*
2358. — LE PONT DE MOSCOU . . . . *Pierre Léon*
2359. — LA FOIRE AUX SERPENTS . . . . *Harry Crews*
2360. — PROTHÈSE . . . . *Andreu Martin*
2361. — LA DANSE DE L'OURS . . . . *James Crumley*
2362. — VENDEURS DE MORT . . . . *Donald Goines*
2363. — J'ÉPOUSERAI PLUTÔT LA MORT . . . . *Frédéric Castaing*
2364. — LA VIE DE MA MÈRE ! . . . . *Thierry Jonquet*
2365. — GANGRAINE . . . . *Elizabeth Stromme*
2366. — HAMMETT . . . . *Joe Gores*
2367. — PARCOURS FLÉCHÉ . . . . *Jean-Pierre Bastid*
2368. — CIRQUE À PICCADILLY . . . . *Don Winslow*
2369. — L'OMBRE ROUGE . . . . *Cesare Battisti*
2370. — TOTAL KHÉOPS . . . . *Jean-Claude Izzo*
2371. — LA FACE CACHÉE DE LA LUNE . . . . *Georgui Vaïner et Leonid Slovine*
2372. — HISTOIRE DE LA FEMME QUI AVAIT ÉPOUSÉ UN OURS BRUN . . . . *John Straley*
2373. — PÉRICLÈS LE NOIR . . . . *Peppe Ferrandino*
2374. — LES FILS PERDUS DE SYLVIE DERIJKE . . . . *Pascale Fonteneau*
2375. — INNOCENT X . . . . *Laurent Fétis*
2376. — JE M'APPELLE REVIENS . . . . *Alexandre Dumal*
2377. — RN 86 . . . . *Jean-Bernard Pouy*
2378. — LE MIROIR AUX ALLUMÉS . . . . *Jacques Humbert*
2379. — LES RACINES DU MAL . . . . *Maurice G. Dantec*
2380. — LE COCHON QUI FUME . . . . *James McClure*
2381. — LA PELOUZE . . . . *M. A. Pellerin*
2382. — UNE PETITE DOUCEUR MEURTRIÈRE . . . . . *Nadine Monfils*
2383. — LE PAYS DE DIEU . . . . *Ray Ring*
2384. — J'AI CONNU FERNANDO MOSQUITO . . . . . *Rique Queijão*
2385. — M'SIEUR . . . . *Alain Gagnol*
2386. — PIQUÉ SUR LA ROUGE . . . . *Gregorio Manzur*
2387. — COMME VOUS ET MOI . . . . *Seymour Shubin*
2388. — MARILYN LA DINGUE . . . . *Jerome Charyn*
2389. — ZYEUX-BLEUS . . . . *Jerome Charyn*
2390. — KERMESSE À MANHATTAN . . . . *Jerome Charyn*
2391. — 1275 ÂMES . . . . *Jim Thompson*
2392. — N'Y METTEZ PAS LE DOIGT . . . . *Christopher Wilkins*
2393. — LES TROTTOIRS DE BELGRANO . . . . *Pierre-Alain Mesplède*

2394. — COMMENT JE ME SUIS NOYÉ . . . . *Serge Quadruppani*
2395. — SURF CITY . . . . *Kem Nunn*
2396. — LE CHANTEUR DE GOSPEL . . . . *Harry Crews*
2397. — MÉMOIRE EN CAGE . . . . *Thierry Jonquet*
2398. — MA CHÈRE BÉA . . . . *Jean-Paul Nozière*
2399. — DAME QUI PIQUE . . . . *Craig Smith*
2400. — FREE . . . . *Todd Komarnicki*
2401. — NADINE MOUQUE . . . . *Hervé Prudon*
2402. — LE SANG DU DRAGON . . . . *Christian Gernigon*
2403. — LE VOLEUR QUI AIMAIT MONDRIAN . . . . . *Lawrence Block*
2404. — DU SABLE DANS LES GODASSES . . . . *Juan Sasturain*
2405. — CITÉS DE LA PEUR . . . . *Collectif*
2406. — BÉNÉDICTION . . . . *Robert Sims Reid*
2407. — LA FENÊTRE OBSCURE . . . . *James Durham*
2408. — GROOTKA . . . . *Jon A. Jackson*
2409. — LE TRUC . . . . *Mat Messager*
2410. — LES MORTES . . . . *Jorge Ibargüengoitia*
2411. — LA REVANCHE DE LA COLLINE . . . . *Hervé Prudon*
2412. — LA NUIT DE ST.- PAULI . . . . *Frank Göhre*
2413. — AGENCE BLACK BAFOUSSA . . . . *Achille F. Ngoye*
2414. — KARMANN BLUES . . . . *José-Louis Bocquet*
2415. — LOUBARD ET PÉCUCHET . . . . *Michel Lebrun*
2416. — LE MIROIR DE BOUDDHA . . . . *Don Winslow*
2417. — LE TANGO DU MAL-AIMÉ . . . . *Sergio Sinay*
2418. — VINYLE RONDELLE NE FAIT PAS LE PRINTEMPS . . . . *Hervé Prudon*
2419. — L'EFFET TEQUILA . . . . *Rolo Diez*
2420. — TRAHISON FRATERNELLE . . . . *James Colbert*
2421. — LE MANGEUR D'ORCHIDÉES . . . . *Marc Laidlaw*
2422. — CHOURMO . . . . *Jean-Claude Izzo*
2423. — HOMICIDE À BON MARCHÉ . . . . *Alain Wagneur*
2424. — KATAPULT . . . . *Karen Kijewski*
2425. — LE FLIC À LA CHENILLE . . . . *James McClure*
2426. — ÇA VA ? ÇA VA. . . . . *Frédéric Castaing*
2427. — LA CAVALE DE KENYATTA . . . . *Donald Goines*
2428. — LOTERIE EN NOIR ET BLANC . . . . *Max Allan Collins*
2429. — LE PRODUIT D'ORIGINE . . . . *A. B. Guthrie Jr.*
2430. — BLOCUS SOLUS . . . . *Bertrand Delcour*
2431. — NOTRE-DAME DES NÈGRES . . . . *Jean-Pierre Bastid*
2432. — BUENA ONDA . . . . *Cesare Battisti*
2433. — DIVORCE, JACK ! . . . . *Colin Bateman*
2434. — LA BOURDE . . . . *Marc Alfred Pellerin*
2435. — TIURAÏ . . . . *Patrick Pécherot*
2436. — JÉSUS AUX ENFERS . . . . *Andreu Martin*
2437. — LA RELIGION DES RATÉS . . . . *Nick Tosches*
2438. — LE PROGRAMME E. D. D. I. . . . . *Serge Preuss*

2439. — LES EFFARÉS . . . . *Hervé Le Corre*
2440. — RÊVES PÈLERINS . . . . *Ray Ring*
2441. — PHALANGE ARMÉE . . . . *Carlo Lucarelli*
2442. — LES TREIZE MORTS D'ALBERT AYLER . . . . *Collectif*
2443. — VOUS PRENDREZ BIEN UNE BIÈRE ? . . . . . *Joseph Bialot*
2444. — LES LUMIÈRES DE FRIGO . . . . *Alain Gagnol*
2445. — AMIGO . . . . *Lars Becker*
2446. — NEVERMORE . . . . *William Hjortsberg*
2447. — SUEURS CHAUDES . . . . *Sylvie Granotier*
2448. — LES CURIEUX S'EN MORDENT LES DOIGTS. *John Straley*
2449. — LA CRÊTE DES FOUS . . . . *Jamie Harrison*
2450. — CET AMOUR QUI TUE . . . . *Ronald Levitsky*
2451. — PUZZLE . . . . *Laurent Fétis*
2452. — L'HOMME QUI ACHETA RIO . . . . *Aguinaldo Silva*
2453. — SIX KEY CUT . . . . *Max Crawford*
2454. — LE LIQUIDATEUR . . . . *Jon A. Jackson*
2455. — ZONE MORTUAIRE . . . . *Kelt & Ricardo Montserrat*
2456. — QUE D'OS ! . . . . *Jean-Patrick Manchette*
2457. — TARZAN MALADE . . . . *Hervé Prudon*
2458. — OTTO . . . . *Pascale Fonteneau*
2459. — UN PAYS DE RÊVE . . . . *Newton Thornburg*
2460. — LE CHIEN QUI VENDAIT DES CHAUSSURES . *George P. Pelecanos*
2461. — LE TUEUR DU CINQ DU MOIS . . . . *Max Genève*
2462. — POULET CASHER . . . . *Konop*
2463. — LE CHARLATAN . . . . *W. L. Gresham*
2464. — TCHAO PAPA . . . . *Juan Damonte*
2465. — NOTES DE SANG . . . . *François Joly*
2466. — ISAAC LE MYSTÉRIEUX . . . . *Jerome Charyn*
2467. — LA NUIT DU CHASSEUR . . . . *Davis Grubb*
2468. — LA BALLADE DES PENDUS . . . . *Steven Womack*
2469. — TUEZ UN SALAUD ! . . . . *Colonel Durruti*
2470. — BERLIN L'ENCHANTEUR . . . . *Colonel Durruti*
2471. — TREIZE RESTE RAIDE . . . . *René Merle*
2472. — LE VEILLEUR . . . . *James Preston Girard*
2473. — LE SALTIMBANQUE . . . . *Julien Sarfati*
2474. — LA CRYPTE . . . . *Roger Facon*
2475. — DIALOGUES DE MORTS . . . . *Philippe Isard*
2476. — LE CHENIL DES FLICS PERDUS . . . . *Philippe Isard*
2477. — CHAPEAU ! . . . . *Michèle Rozenfarb*
2478. — L'ANARCHISTE DE CHICAGO . . . . *Jürgen Alberts*
2479. — BROUILLARD SUR MANNHEIM . . . . *B. Schlink et W. Popp*
2480. — HARJUNPÄÄ ET LE FILS DU POLICIER . . . . *Matti Yrjänä Joensuu*
2481. — PITBULL . . . . *Pierre Bourgeade*
2482. — LE JOUR DU LOUP . . . . *Carlo Lucarelli*

2483. — CUL-DE-SAC . . . . *Douglas Kennedy*
2484. — BRANLE-BAS AU 87 . . . . *Ed Mc Bain*
2485. — LA VIE EN SPIRALE . . . . *Abasse Ndione*
2486. — SORCELLERIE À BOUT PORTANT . . . . *Achille F. Ngoye*
2487. — AVIS DÉCHÉANCE . . . . *Mouloud Akkouche*
2488. — UN BAISER SANS MOUSTACHE . . . . *Catherine Simon*
2489. — MOLOCH . . . . *Thierry Jonquet*
2490. — LA BALLADE DE KOUSKI . . . . *Thierry Crifo*
2491. — LE PARADIS TROIS FOIS PAR JOUR . . . . . . *Mauricio Electorat*
2492. — TROIS P'TITES NUITS ET PUIS S'EN VONT . . *Nicoletta Vallorani*
2493. — LA PENTE . . . . *M.A. Pellerin*
2494. — LA VÉRITÉ DE L'ALLIGATOR . . . . *Massimo Carlotto*
2495. — ÉTUDE EN VIOLET . . . . *Maria Antonia Oliver*
2496. — ANTIPODES . . . . *Maria Antonia Oliver*
2497. — FLOUZE . . . . *Ed Mc Bain*
2498. — L'ÉPOUSE ÉGYPTIENNE . . . . *Nino Filasto*
2499. — BARCELONA CONNECTION . . . . *Andreu Martin*
2500. — SOLEA . . . . *Jean-Claude Izzo*
2501. — MONSIEUR ÉMILE . . . . *Nadine Monfils*

Composition Nord Compo, Lille.
Reproduit et achevé d'imprimer sur Roto-Page
par l'Imprimerie Floch à Mayenne
le 25 mai 1998.
Dépôt légal : mai 1998.
Numéro d'imprimeur : 43829.
ISBN 2-07-049699-6 / Imprimé en France.

80766